시골 우체국장의 영화 에세이

이승수 지음

PROLOGUE

왜, 울면 지는가?

"울지 마! 바보같이 왜 울어."

내가 초등학교 다닐 때, 아버지는 울음이 헤픈 나를 보며 이렇게 나무랐다.

그러나 나는 계속 울고 다녔다. 얻어맞고 울고, 달리기 꼴찌해서 울고, 옥수수가루 죽 배급 안 준다고 울고, 웅변 연습하다 울고…….

눈물 흔적을 지우려고 냇가로 달려가 세수를 하고 집에 가면 이번에는 어머니가 왜 울었냐고 다그쳤다. 걸핏하면 우느냐고 혼나면서 또 울었다.

자라면서 울음이 차츰 줄었다. 없어진 게 아니라 억눌러 참은 것이다. 그러면서 깨달은 것은 우는 일이 눈물 한번 흘리는 것으로 끝나는 게 아니라는 것이었다. 첫사랑이 고무신 바꿔 신었다고, 일이 안 풀린다고, 몸이 많이 아프다고……?

대학원 후배인 김광화(金光花) 스님은 나를 볼 때마다 눈물을 쏟아내라고 말한다. 몸이 눈물로 가득 차 있다며 성화다.

"어떻게 해야 되는데요?"

이렇게 물으면

"저도 우는 데 많은 시간을 쓰거든요."

라며 더 이상 말하려 하지 않는다.

후에 다른 자리에서 '평상심' 이라 말하는 소리를 들었다.

평상심이라!

어느 날 안구건조증이 찾아왔다. 아침저녁으로 인공눈물을 넣으며 울음은 눈물이 전부가 아닐 것이라는 생각을 하게 되었다.

몸 안 깊숙이 스며드는 놈이 있고, 한숨과 함께 입을 통해 빠져나가는 녀석이 있는가 하면, 긴 대롱 타고 악착같이 머리끝까지 올라와 눈언저리를 달궈놓는 놈이 있기에 하는 말이다.

울음. 그 알 수 없는 원천.

억압, 자존심, 두려움, 슬픔, 고통…….

에둘러 말하면 이는 삶이다.

그러기에 예술치료가 '닐(Knill)' 은 "고통이 오는 것을(Come In To Be) 내보내는(Passing Away) 방법을 터득해야 한다." 라고 말하지 않았던가?

그런데 ≪내 감정 사용법≫이란 책은 '발산의 형태로 감정을 과도하게 표현하는 것은 동시에 부작용을 일으킬 수 있음' 을 지적한다.

어떻게 해야 하나?

'루디야드 키플링' 의 〈만일〉이란 시 한 구절을 놓고 눈망울을 굴려본다.

> '그리고 만일 인생의 길에서 성공과 실패를 만나더라도
> 그 두 가지를 똑같은 것으로 받아들일 수 있다면,
> 네가 말한 진실이 왜곡되어 바보들이 너를 욕하더라도
> 너 자신은 그것을 참고 들을 수 있다면…….'

어디서 무엇으로 이 기술을 연마한다는 말인가?

그래서 찾은 것이 영화다. 공허함을 있는 그대로 떠맡기기에 더없이 좋은 기제라 생각하고 빠져들었다.

'한국영상응용연구소' 로 달려가 영화치료를 공부하였고, 지금은 강

사가 되어 많은 사람과 만나고 있다. 울음을, 생을 마음대로 주무르는 영화, 그 세계와 끊임없이 상호작용하며 브릿징하다 보면 내 안 깊은 곳에 이르게 되고 빗장도 풀게 된다.

일본 영화 〈사쿠란〉은 주인공에게

"울면 지는 거야. 사랑해도 지는 거야. 이겨도 지는 거야."

라고 말한다.

한편 〈고양이를 부탁해〉라는 우리 영화는 뇌성마비 청년 시인을 통해 울음의 다른 차원을 이야기한다.

"엄마는 나 때문에 울지만, 나는 나 때문에 운다." 라고.

내 뜻대로 되지 않는 현실이 답답하니 컴컴한 공간에 웅크리고 앉아 울음을 토해내던 시절이 파노라마처럼 지나간다.

≪전북도민일보≫에 〈시골우체국장의 영화에세이〉를 1년 6개월간 연재했다. 많은 해법을 제시하는 영화를 안내하면서 보람을 느꼈기에 56편의 영화를 골라 이렇게 한 권의 책으로 묶는다.

글은 여섯 개 소제목으로 분류되어 있다. 또 본문 내 부제는 영화의 대사를 많이 사용하였다.

책을 통해 자기조력(Self Help)에 다소나마 보탬이 되었으면 하는 바람이다. 글을 읽고 영화를 본다면 부족한 필력에 대한 이해의 폭이 조금은 넓어질 것으로 믿는다.

"너는 생각하고 우냐?"

신문 보다 말고 들이대던 친구의 말이 떠오른다.

'녀석! 울고 싶은가 보다.'

시골 우체국에서

저자 이 승 수

차례

Chapter 1 자아탐색

Chapter 2 가족 · 여성

Chapter 3 사랑

Chapter 4 심리치료

Chapter 5 성장

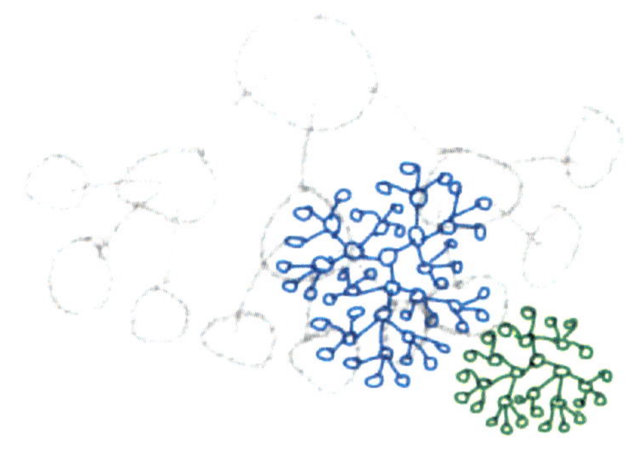

Chapter 6 사회현상 · 코치

Chapter 1

자아 탐색

굿 윌 헌팅

그랑 블루

레인보우

로니를 찾아서

로맨틱 아일랜드

먹고 기도하고 사랑하라

발레교습소

사랑의 블랙홀

시암썬셋

안경

예스 맨

일 포스티노(The Postman)

철도원

타인의 삶

YES

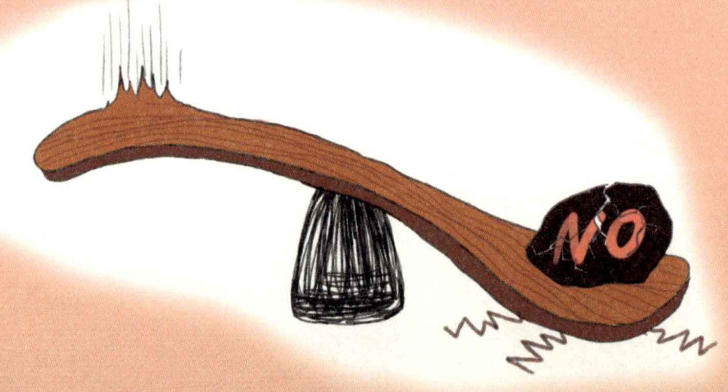
NO

01

인생의 등대를 찾다

굿 윌 헌팅

강연회 등에서 "그동안 수많은 셰익스피어가 지나갔다." 라는 말을 여러 번 들었다. 정진하라는 메시지는 뒤로한 채 '지나갔다.' 라는 대목을 되뇌며 이유를 생각하곤 했다.

진흙 속의 진주가 빛을 발하지 못하는 이유가 뭘까.

나는 지금도 천재성과 신념 그리고 노력이 있으면 셰익스피어나 아인슈타인이 되는 것으로 알고 있다.

〈굿 윌 헌팅〉이란 영화를 만났다.

영화는 이 부분에 대해서 조금 다른 의견을 내놓는다.

천재성에다 훌륭한 스승 · 친구 · 사랑을 결합하라고 말이다.

그리고 부연한다. '불세출의 천재가 있다고 하지. 그가 세상의 빛이 되려면 꼭 맞는 사람을 만나야 해. 여러 사람이면 더욱 좋지. 그런데 말이야. 사람을 만나는 것도 누군가 나타나서 도와줘야 한다고. 혼자의 힘으로 되는 천재는 없어.'

〈아웃라이어〉란 책에 나오는 미국에서 가장 머리 좋다는 '랭건' 이란 사람이 떠올랐다.

IQ가 200을 웃돈다는 그는 지금 목동으로 늙어가고 있다.

:: 인간은 자신의 불완전한 세계로 상대를 끌어들인다

"사람들은 자신의 천재성을 몰라. 왜냐고? 알아주는 사람이 없어서 그래."

심리학 교수인 '숀' (로빈 윌리암스 분)은 '윌' (매트 데이몬 분)에게 조곤조곤 이야기한다.

"머리만 좋으면 뭘 해. 낮은 자존심에다 삶의 자세가 엉망인 걸. 내 눈에는 네가 지적이며 대단한 사람 아니고 오만으로 가득 찬 겁쟁이 어린 애로 보여."

보스턴 빈민가 출신인 윌은 MIT대학에서 청소부로 일하는 스무 살 청년이다. 대학 문턱에도 가보지 못했지만, 수학에 탁월한 재능을 가지고 있다. 친구 세 사람과 붙어살다시피 하면서도 혼자 빠져나와 공부하는 열성이 있다. 어느 날 청소하다가 복도에 걸린 어려운 수학문제를 술술 풀어 답을 적어놓는다. 이를 보고 수리조합학 수훈상 수상자인 '램보' 교수가 흥분한다. 아무도 손대지 못하는 문제를 일개 청소부가 풀다니……. 윌을 불러놓고 대화하는데, 그의 박식함에 다시 한 번 놀란다. 반면에 인성人性에는 커다란 문제가 있고, 폭력으로 수용될 처지에 놓여 있다는 사실도 알게 된다. 자신이 보증을 서서 보석으로 풀어놓고 다시 마주한다. 그런데 수학문제 푸는 것 말고는 사람이 엉망이다. 심리치료사를 다섯 명이나 불러 치료를 시도했음에도 나아질 기미가 보이지 않

는다. 고심하다가 마지막으로 찾은 사람이 심리학자 숀 교수다. 그는 윌을 향하여 다짜고짜

"키스해봤나, 프렌치 키스? 누구를 내 목숨보다 사랑해 보지 않으면 진정한 사랑을 모르는 법이야."

라며 윌의 감각적 삶에 일침을 가한다. 숀 교수의 연구실 벽에 풍랑을 만나 위태롭기 짝이 없어 보이는 배 그림이 한 점 걸려 있다. 서성이며 감상하던 윌이 말한다.

"배에 탄 사람이 풍전등화로군요. 잘못된 짝을 만나셨나요? 그래서 교수님은 힘든 현실을 피하려고 정신과를 선택한 건가요?"

18년 동안 사랑을 나누고 6년 동안 앓다 떠난 부인 낸시를 모욕하지 말라며 멱살을 잡는 숀 교수의 눈에 이슬이 맺힌다. 둘은 그렇게 서로의 마음을 연다.

"어렸을 때 양부의 학대를 받아 온몸이 상처투성이예요. 그렇게 살다 보니 자신감이 없어졌어요. 사람이 싫어요."

라는 윌의 이야기를 잠자코 듣던 숀 교수의 말이 이어진다.

"스스로 다가서지 않으면 좋은 사람을 만날 수 없어. 영혼의 짝은 있니?"

윌의 눈앞에 하버드 의과대학 여학생인 '스카일라' 가 어른거린다. 그는 가끔 하버드대학 앞에 가서 잘난 학생들과 논쟁을 벌여 그들을 꼼짝 못하게 하곤 했었다.

"친구는?"

"매일 만나서 뒹구는 친구가 있어요."

술 마시고 쌈박질을 일삼는 4인방 이야기다. 그 중 '척키' (벤 애플렉 분)라는 친구가 있다. 윌의 재능을 아까워하는 그는 어느 날 이렇게 말한다.

"윌, 네가 20년 후에도 이렇게 노무자로 있으면 널 죽여 버릴 거야."

:: 사람은 자신에 대하여 자신있게 말할 수 있어야 한다

능력은 발휘하고 싶은데 떠나자니 엄두가 나지 않는 윌. 숀 교수는 그를 껴안고 최면을 걸 듯 반복해서 말한다.

"네 잘못이 아니야, 네 잘못이 아니야!' 라고.

뛰어난 지적능력을 이용해서 만나는 사람을 모두 조롱거리로 만들고 무력화시켜버리는 것을 '지식화' 라고 한다. '김혜남' 정신분석전문의는 이를 방어기제라고 했다. '버림받을까 두려워 진심으로 마음을 열지 못하는 사람은 자신의 약한 모습을 드러내는 법이 없다.' 라면서 말이다. 영화는 전철에서나 집에서 윌을 혼자 덩그렇게 내버려둔다.

"네가 먼저 손을 내밀어봐, 어서!'

그렇게 말하고 있는 것이다.

02

무의식 세계로의 유영游泳

그랑 블루

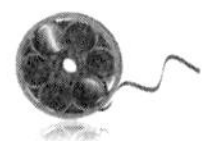

침잠沈潛이라는 게 어디까지 가라앉는 것을 말함인지 궁금했다.

물속은 바닥일 것이라 생각했지만,

사람 속은 그 깊이를 알 길이 없었다.

미국 시카고 대 칙센트미하이 교수가 몰입(Flow)이란 개념을 들어

나의 이해를 도와줬다.

'시간의 흐름이나, 공간, 더 나아가서는 자신에 대한 생각까지도

잊어버리게 될 때를 일컫는 심리적 상태를 말하며 따분함과 불안함

사이에 위치한다.' 라고. 몰입에 빠져드는 사람과 그렇지 않은 사람의

차이는 뭘까 하는 데 생각이 미쳤지만 그것은 정도 차이일 것이란

나름의 결론을 내리고 덮어뒀다.

어느 날 〈그랑 블루〉, 일명 〈The Big Blue〉라는 이 영화를 만나고

나서야 내가 원하는 답을 얻게 되었다.

속이 후련해짐을 느꼈다. 영화는 답을 '어린 시절' 이라고 했다.

:: 바닥에 있을 때 가장 힘들어, 다시 올라갈 이유를 찾아야 하니까

정신분석가 이무석 박사는 '우리 안에는 과거의 여러 경험이 만들어 놓은 모순된 감정과 유아적 감정들이 겹겹이 쌓여 있다.' 라고 말한다. 자신도 모르는 사이에 그 속에 질편하게 빠져 살지만 그곳이 어디냐고 물으면 쉽게 답하지 못한다는 것.

그리스의 한 바닷가에서 태어난 '자크' (장-마크바 분)는 아버지가 잠수사고로 절명한 뒤 돌고래를 벗삼아 외롭게 성장한다. '엔조(장 르노 분)' 라는 친구가 있지만 그는 항상 경쟁의 대상이었을 뿐 오순도순 정을 나누는 사이는 아니었다.

성인이 되어 잠수하는 일을 직업으로 살아가던 자크, 페루의 빙하 속 크레바스에 빠진 배 인양작업을 돕던 중 알게 된 보험회사 직원 '조안나' (로잔나 아퀘트 분)와 사랑에 빠진다. 행복한 나날을 보내고 있는데, 어느 날 엔조가 불쑥 나타난다. 그는 잠수 세계챔피언이 되어 있었다. 진정한 실력자를 가려보자며 대회 참가신청서를 내민다. 넓고 푸른 바다 '그랑 블루' 속으로 들어가 누가 오래 버티나 겨뤄 보자는 것. 배 밑으로 줄을 달아놓고 무호흡으로 얼마나 깊이 들어갔다가 나올 수 있는지 붙어보자는 것이다. 필사적으로 숨을 참아야 하고 수압도 이겨내야만 하는 경기다. 자크는 담담하게 참가하여 승리한다. 세계챔피언이 되었지만 그는 영예에 조금도 관심이 없다. 그 무렵 더 적극적인 자세를 보이는 조안나와의 사랑에도 피동적일 뿐이다. 오직 돌고래를 만나 헤엄치고 대화하는 데서 큰 기쁨을 찾는다. 다시 맞붙은 챔피언 전에서 자크는 무려 420Feet 라는 경이적인 기록으로 우승한다.

"맨 밑바닥에 있을 때 가장 힘들어. 왜냐하면 다시 올라갈 이유를 찾아야 하거든."

숨을 참고 올라오기도 바쁜 상황에서 하는 말, 그 속에는 삶의 허무가 칡넝쿨처럼 엉켜 있다. 시합을 앞두고 명상을 하는 자크와 피아노를 치는 엔조의 모습에서는 이들의 근기根器를 본다.

어느 날 연습에 열중하던 엔조가 수압을 견디지 못하고 목숨줄을 놓아버린다. 유언은 바다 속에 묻어달라는 것. 그 후 자크의 일상은 더한 방황으로 이어진다. 잠자다 말고 바다에 뛰어들어 돌고래와 밤새껏 놀다 돌아오기 일쑤다. 어리둥절해 하는 조안나의 모습에 연민이 어린다. 어떤 이들은 사랑에 목숨을 걸기도 하는데……?

"나 임신했어요."

라고 말하는 조안나를 뒤로하고 잠수기구로 뛰어드는 자크, 절규하던 조안나는 몸부림을 치다가 결국 움켜쥐고 있던 조작용 끈을 놓아주고 만다. 자크가 내려간 심해에는 아버지인지 엔조인지 알 수 없는 상징, 돌고래가 기다리고 있다. 그는 돌고래를 껴안고 더 깊은 곳으로 헤엄쳐 들어간다.

:: 인간이 허우적거리는 무의식의 세계란?

자크에게는 조안나와 아이에 대한 연대가 없다. 밑그림이 없다. 그에게는 오직 바다만이 있을 뿐이다. 정신분석의 선구자라는 프로이트의 죽음을 전하면서 《뉴욕 타임스》가 사설에 적었다는 글 한 구절이 있다. '인간은 스스로 자아를 통제할 수 없을 뿐만 아니라 무의식에 의해 철저히 지배당하고 있는 가엾은 동물……'

이는 칼 융이 말하는 '개인무의식' 정의와도 닿아 있다. '어떤 개인이 어릴 때부터 쌓아온 의식적인 경험이 무의식 속에 억압됨으로써 그 사람의 생각, 감정, 행동에 영향을 주는 것' 말이다. 영화는 어린 시절의 충격에서 헤어나지 못하고 자꾸만 그곳으로 달려가는 사람을 향해 소리를 지른다. 가지 말라고. 이제 그만 잊어버리라고. 앞으로 뻗어 있는 길이 얼마나 많은데 뒷걸음치느냐고. 주변에 그곳으로 가는 멀건이가 있다면 두들겨 말릴 일이다. 뒤돌아보지 말고 앞으로 나가라고 힘주어 말할 일이다.

03

세상사 확률보다 확신이 중요하다

레인보우

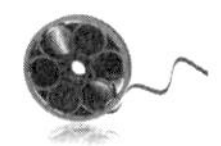

"엄마! '루저' 가 뭐야?"

"잃을 게 없는 사람."

"그럼 '위너' 는 뭐야?"

"얻을 게 없는 사람."

"엄마는 뭐야?"

"걸어가는 사람."

아들은 더 묻지 않는다. 엄마가 어디로 가는지 모른다고 답할까 봐 두려워서인지, 엄마도 성장하고 있다는 사실을 깨달았기 때문인지 알 수 없다. 어쩌면 답하느라 걸음을 멈출까 염려되어 질문을 멈췄다는 편이 나을지도 모르겠다.

우리 우체국 한 여직원 아들이 공부를 아주 잘하는데, 어느 날 보니 자만에 빠져 빈둥거리더란다. 도시락 네 개 싸들고 독서실에 같이 가서 새벽 세 시까지 꼼짝도 안 하고 책장을 넘겼더니 태도를 확 바꾸더란다.

:: 당신은 뭐야?

'무엇인가 잃는다는 것은 두려운 일, 그러나 잃는 게 두려워서 불안과 의심, 커지는 불신의 벽 속에서 바이러스처럼 살아야 하는가?

영화 〈레인보우〉는 이렇게 뜬금없는 화두로 사람을 어리둥절하게 한다. 하지만 앞만 보고 가는 사람의 우직함에다 사람의 혼을 빼는 기발함이 있어 영화 보는 내내 침을 꼴깍꼴깍 삼킬 수밖에 없었다.

서른아홉이 된 '지완' (박현영 분)은 영화감독의 길을 가기 위해 잘 다니던 직장을 그만둔다. 삼 년째 〈레인보우〉라는 시나리오를 고치고 있지만 입봉은 엄두도 내지 못하고 있다. 어느 날 운동장 물웅덩이에서 무지개를 보고 새 작품을 구상한다. 〈스타탄생〉! 이 시나리오는 반드시 성공할 거라며 주위에서 웅성거린다. 남편 눈치 보느라 헤드 랜턴 끼고 노트북과 씨름하다 보면 먼동이 트곤 했는데, 영화사 PD(이미윤 분)는 어느 날 갑자기 마음이 돌변하여 다시 '레인보우' 를 쓰라고 한다.

"우리 엄마는 한심한 것 같아."

라고 말하며 매사에 공격적인 고교 2년생 아들 '시영' (백소명 분)은 학교 보컬그룹 멤버다. 무대 공포증이 심한데, 대책도 없이 기타만 친다. 한심하기는 아들도 마찬가지인 것이다.

방에서 슬그머니 나와 아내를 향해

"언제까지 할 거야?"

라며 윽박지르고 들어가 버리는 남편은 영락없는 이 집의 들러리다. 콩가루, 부정교합…….

시나리오를 시작하면 반드시 첫 장면은 미리 찍어둬야 한다는 게 지완의 생각, 바닷가에 첫 장면 찍으러 갔다가 후배감독 촬영현장과 맞닥뜨린다. 엑스트라가 사라졌다며 '행인에게 뺨 맞는 신' 한 쇼트(shot)를 부탁받는다. 수차례의 NG 끝에 견디다 못한 지완은 머리를 흔들며 악다구니를 쓰고 만다. 도망치듯 뛰어나오는데 감독은 빙그레 웃으며 OK 사인을 낸다.

"선배, 리액션 죽인다."라며.

한쪽 얼굴이 시뻘건 상태로 아들 공연장에 간다. 색석을 바라보지 못하는 아들 때문에 공연이 지연된다. 관중의 야유가 나오자, 시영이 슬그머니 뒤돌아보다가 엄마와 눈이 마주친다. 잔잔한 미소를 보내는 엄마, 돌변한 시영은 광적으로 연주하고 노래까지 부른다. 공연은 대성공, 아들의 무대 공포증은 그렇게 치유된다. 엄마에게 보내는 세리머니가 "엄마도 아픈 곳 좀 치유하세요."라고 주문하는 것처럼 보인다.

"일곱 색깔 포스트잇을 쓰면서 레인보우를 생각해봤나요? 한 장 뗄 때마다 붙이기에 급급했죠? 모든 행동에는 분명한 이유가 있어요. 그것이 시나리오의 법칙이랍니다. 예술 한다고 예술 되는 것 못 봤고, 장사 한다고 장사 되는 것 못 봤습니다."

독백처럼 되뇌던 지완의 말이 씨가 되었을까? 결국, 〈스타탄생〉 시나리오는 퇴짜를 맞는다.

"요즘은 스릴러가 추세야!"

라고 말하는 PD를 보며 지완은 다시 〈레인보우〉를 집어든다.

:: 세상일이 뚝심만 갖고 되는가?

개미의 환영이 무서워 노트북에 킬라를 뿌리는 지완, 프라이팬의 음식이 다 타서 온 집안이 연기로 가득해도 이 여인은 시나리오에만 매달려 있다.

"이 사람아! 재능? 열정? 다 소용없어. 운이야, 운이라고!"

PD의 말이 메아리 되면서 영화는 끝난다. 지완의 영화는 미완성으로 둔 채. 그녀가 〈레인보우〉란 시나리오에 담고 싶었던 내용이 무엇일까 궁금했다. 등산 · 낚시 갈 때 사용하는 헤드 랜턴을 꺼내봤다.

"당신은 뭐야?" 라고 질문하는 것 같다. "뒤돌아보는 사람." 이라고 중얼거리면서 맥없이 웃었다.

"투자자들은 뜻밖에 현실적이야. 확률보다 확신이 중요하다고. 〈레인보우〉 쓰는 한 당신은 항상 그대로야. 알아? 살아남는 게 중요하다고."

PD의 말은 참으로 지당하다. 그런데 그치가 자꾸 미워지는 것은 왜일까?

지완에게 남편이 다가오더니 전에 홧김에 깨버린 캠코더 칩을 새로 구해서 슬그머니 쥐어 준다. 지완이 남편의 손을 꼭 잡는다.

04

내 인생에 끼어든 최악의 불청객

로니를 찾아서

추석을 앞두고 시골 우체국에도 외국인 출입이 제법 잦다.

국제우편물 포장을 돕다 보니 내용물이 눈에 들어온다.

전기밥솥, 드라이기, 라면, 커피믹스, 옷가지 등이 그것이다.

먹고, 입고, 쓰고……. 사람 사는 게 다 마찬가지라는 생각이 든다.

우리의 귀성을 바라보며 후미진 곳에서 향수에 젖을 이들을

생각하니 인지상정에 눈시울이 뜨거워진다.

통계청 자료를 보니 2009년 말 현재 우리나라에 등록된 외국인 수가

88만 명에 이른다.

대부분 중국과 동남아에서 '코리안 드림' 을 좇아온 사람들이겠지.

우체국을 나서는 뒷모습에 대고 대한민국의 이름으로 약진하라고

응원한다.

:: 나? 쪽팔리는 건 못 참는 사람이야

'코리안 드림' 의 뜻이 궁금했다. 국립국어원에서 검색해보니 뜻풀이가 되지 않은 신어新語로 분류되어 있다. 다시 포털에서 검색하니 누군가가 '후진국이나 개발도상국 사람들이 우리나라에 돈 벌러 오는 행위' 라고 풀이해 놨다. 아메리칸 드림은 '미국인이 공통으로 갖고 있는 미국적 이상사회를 이룩하려는 꿈' 이라고 해석하던데, 같은 의도라면 적어도 그 내용에다 '한국 사람의 이상향' 정도의 의미는 남겨놔야 하지 않았을까? 코리안 드림에 한국인과 그 꿈이 거론되지 않았다는 사실을 두고 실망감이 앞섰다. 이런 점에 착안한 걸까? 2009년에 나온 영화 〈로니를 찾아서〉는 이주노동자의 꿈을 우리나라 도시 서민과 좌충우돌하는 모습으로 투영했다. 보디무비 형식을 빌려 극명하게 다뤘다.

'인호' (류준상 분)는 안산의 한 태권도장 관장이다. 개관하고 10년이 지났건만 관원 수는 오히려 감소하는 추세에 있다. 부흥을 위한 회심의 이벤트로 시범대회를 개최한다. 성대한 대회는 시간이 흐르면서 무르익는다. 아주 잘될 것 같은 분위기다. 마지막으로 관장이 시범을 보이는 순서가 되었는데, 불쑥 외국인 하나가 대련을 지원한다. 그런데 이게 어찌된 일인가. 시작과 동시 인호는 한 방에 나가떨어지고 만다. 상대는 도망가고, 체면을 완전히 구겨버린 인호는 이성을 잃고 만다. 속된 표현으로 뚜껑이 열려버린 것이다. 태권도장도, 가정도 다 팽개치고 자신을 쪽팔리게 한 외국인 로니(마붑알엄펄럽 분)를 찾아 나선다. 이때 나타나는 로니의 친구 '뚜힌' (로빈 슈엑 분)! 불법체류를 신고하겠다는 엄포에 애꿎게도 볼모가 되고 만다. 그런데 뜻밖이다. 뚜힌은 상황을 비관하지 않고 매 순간 인호를 구슬려 화기애애한 분위기를 연출한다.

"삼겹살에 소주 한잔하면 좋겠다."

"이제는 나훈아와 너훈아도 구분할 줄 안다."

한국적 정서를 여과 없이 드러내며 쉴 새 없이 내놓는 그의 애드리브는 곧 공감대가 되어 잔잔한 감흥을 불러일으킨다. 둘 다 범띠라며 좋아하다 말고, 12년차 띠 동갑이라고 정색하는 인호에게

"그래도 동갑이잖아!"

라며 대드는 모습에서는 호기를 느끼게 된다. 막무가내인 인호에게 요리사 자격증과 멘사 회원증을 내밀면서 일갈하는 뚜힌.

"로니는 찾아서 뭐 하려고?"

라며 대든다.

결국 방글라데시 로니네 본가에 가서야 인호의 방황은 끝이 난다. 로니네 집 문을 열면서 활짝 웃는 인호, 무슨 생각이 난 걸까?

:: 뜻하지 않은 곳에서 발견한 코리안 드림

영화 속 마을 번영회는 주민 자율로 방범대를 결성한다. 이유는 날로 늘어나는 외국인 노동자들의 무단접근을 막자는 데 있다. 그 과정에서 액세서리를 팔고 있는 로니의 가판대를 엎어버린 전과戰果도 있다. 방범순찰을 빙자하여 날마다 건수를 만들어내는 사람들. 어쩌면 그것이야말로 그들의 사회적 불만족에 대한 전위가 아닐까? 뜻대로 되지 않는다고 다른 곳에 화풀이하는 그런 행동 말이다. 한편, 방범대는 우리 체제에 순응하지 못하고 저항하는 사람의 상징일지 모른다는 생각도 해봤다.

아이러니하게도 영화는 그들 앞에 후진국에서 교육을 잘 받고 온 뚜힌을 내세워 이 사회가 정말 살만한 곳임을 강조하고 있다. 부대끼며 살아가는 게 인생이라며 기꺼이 자신의 몸을 던지는 뚜힌을 통해 이 나라의 희망을 투영하는 것이다. 코리안 드림의 뜻풀이가 안 된 이유를 알 것 같다. 파랑새는 지금 내 품에 있는 것을.

05

지금 힘드세요?

로맨틱 아일랜드

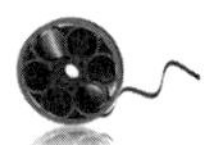

얼마 전 TV에서 〈날마다 소풍〉이란 제목의 인생극장을 보았다.
서울에서 대학 나온 신혼부부가 제주도 서귀포 변두리에 신접살림을
차리고 유유자적하는 삶을 다룬 내용이었다.
마음 가는 대로, 발 닿는 대로 살아가는 그들 삶은
거리낌이 없어 보였다.
반면에 현대인의 상식으로 이해되지 않는 부분도 많았다.
그런데 신부는 너무도 천연덕스럽게
"적게 벌어서 조금 쓰는 방법을 터득하면 돼요."
라고 말했다. '저것도 하나의 인생이지!' 많은 사람이 방송을 보고
격려했다. 한 가지 우려되는 바가 있었다.
'뜨면 방향을 바꿀지도 몰라, 어쩌지?' 하는 것이었다.
보기 드문 롤 모델인데, 존재만으로도 행복한 일인데…….

:: 인생은 선택이다

'내셔널 지오 그래픽' 조사에 의하면 '사람은 하루에 백오십 번 선택의 기로에 서고 그 중 서른 번 정도의 신중한 선택을 하기 위해 고민하고, 다섯 번 정도의 올바른 선택에 대해 미소 짓는다.' 라고 했다. 입이 떡 벌어지는 이야기다. 하루가 그럴진대 하물며 인생의 선택은 어떨까. 어디서 시작해서 어디서 끝날지 모르는 인생, 그리고 선택. 중요한 것은 사람은 항상 자신의 선택이 옳다고 믿는다는 것이다.

〈로맨틱 아일랜드〉란 영화를 선택이란 측면에서 봤다. 여섯 명의 등장인물이 각각 치켜든 인생은 구겨진 종이처럼 조잡한데, 놀랍게도 여행 한 번 다녀오더니 주름이 쫙 펴졌다.

증권사 젊은 사장 '재혁' (이선균 분)은 유능하지만 독단적 행보로 인해 주위의 빈축을 산다. 유명가수 '가영' (유진 분)은 관중의 열광적인 환호 뒤에 숨어버린 자신의 정체성 때문에 힘들어한다. 우유대리점을 하는 '중식' (이문식 분)은 뇌종양 진단을 받은 환자인데, 부인에게 말도 못하고 죽을 궁리만 한다. 곧 폭발할 것 같은 이들의 선택은 여행이었다. 이것저것 다 팽개치고 무조건 필리핀 '보라카이' 로 떠난다. 인정 많은 섬은 이들에게 동행할 사람을 챙겨준다. 재혁은 가출한 아가씨 '수진' (이수경 분)과 만나고, 가영은 취업 준비생인 백수 '정환' (이민기 분)과 만난다. 섬을 투어하면서 이들은 상대방의 아픈 마음을 보게 되는데,

자기와 전혀 다른 모습을 보면서 자신을 들여다보는 기회를 갖는다.

"이리 와 봐!'

가영은 정환을 바닷가에 세우고 은빛 구름과 노을 그리고 수평선이 만들어내는 삼중주에 빠져들게 한다. 손나발을 하고는

"나는 노래도 못 부르는 바보다."

라고 외친다. 물끄러미 바라보던 정환이 나선다.

"나는 겁도 많고 멍청한 바보다."

이들은 서로 자신의 아픈 조각을 하나씩 떼어 바다에 버린다. 그러다가 갑자기 정환이 말을 바꾼다.

"가영이는 세상에서 가장 눈부신 여자다."

그러자 가영은 당장

"이정환은 정말 멋진 새끼다."

로 화답하며 부둥켜안는다.

스킨스쿠버를 하던 중식 내외, 형형색색의 물고기 떼를 보며 즐거워하다가 중식이 갑자기 호흡기를 뗀다. 아름다운 바다, 사랑하는 부인의 품안에서 생을 마감하려는 듯. 그러나 자살 시도는 무위로 끝나고 결국 아픈 육신은 부인에게 내맡겨진다.

말없고 무표정한 재혁은 시종 환하게 웃으며 대화를 이끌어가는 수진을 보면서 무거운 머릿속을 조금씩 비운다. 아무것도 없어 보이는 아가씨지만 그녀의 천진난만함은 그가 모르는 세계였던 것이다. 귀국하여 청계천 다리에서 만난 이들, 재혁은 고층건물 전광판에다 필리핀 여행

동영상을 돌리며 프러포즈를 한다. 안타깝고 아픈 마음을 이국의 아름다운 섬에 죄다 내다버린 이들은 제자리로 돌아와 꿋꿋하게 살아간다.

:: 살다가 힘들면 애국가를 불러라

세상의 중대사에 참여하는 것도 아닌데, 조그만 육신 하나 끌고 사는 게 어찌 그리 힘든지 원. '묻지 마 관광' 가는 사람들을 비하하지 말아야겠다는 생각을 하면서 맥없이 웃었다. 선진지 견학은 가면서, 다른 사람 사는 모습을 참관하는 게 흉볼 일인지……?

엊그제 '용타' 스님 강연을 들었다. 스님은 400여 명의 청중을 향하여 '그냥' 이란 화두를 던졌다. 그것은 '발가벗은(Bare)' 이란 뜻을 내포한다는, 즉 '아무것도 걸치지 않은 상태 그대로 두라는 것.' 이라고 강조했다.

광화문에서 사랑하는 아내를 안고 서귀포로 내달린 한 젊은이의 이야기와 이 영화의 메시지가 섞여 묘한 울림을 주었다.

"어떻게 하면 이 지긋지긋한 환경에서 자유로울 수 있을까." 라고 말하는 이들에게 전하고 싶은 말이 생각났다.

"가만히 생각해 보면 그것은 별 일이 아니다. 자기 소리를 내지 못하니까 '임금님 귀는 당나귀 귀'가 되어 울분을 삼키는 것이다."라고.

토해낼 장소가 마땅치 않으니 사람들은 낯선 버스를 타기도 하고, 이국의 섬에도 가는 것이다. 소리를 내자. 가슴에 응어리를 담고 사는 이여! 이 여름에 확 트인 곳, 메아리도 없는 곳으로 가자. 거기서 그냥 목이 쉬도록 소리를 지르고 오자.

06

알아? 나를 버리는 것이 나를 찾는 일이라고!

먹고 기도하고 사랑하라

영화 보고 나오다가 이탈리아 풍 스파게티와 피자,
생과일 아이스크림(구하기 힘든 '셀라또' 내용임) 등을 그릇 기득
채워놓고 실컷 먹어보는 게 어떨까?
생각이 있다면 망설이지 말고 해 볼 일이다.
머리로 음식을 대한 적이 언제였던가. 이렇게 가치관에 혼동을 주는
영화를 보고 나면 먼저 자신의 감정을 추스를 필요가 있다.
프레임(Frame)을 넓혀 관조하는 여유도 가져보자.
시종 뇌 속에서 쿨렁거리던 야릇한 파장이 가라앉을 때까지.
〈먹고 기도하고 사랑하라〉라는 영화를 보면서
주인공 '리즈' (줄리아 로버츠 분)를 브릿징하다 보니
내가 고품격 인간이 되어버렸다.
엉뚱하게도 몇 년 전 이탈리아에 갔을 때 로마 팔라티노 언덕 근처
한국 카페가 떠올랐다. 나는 그때 여 주인이 부르던 〈라노비아〉의
감미로움에 매혹되어 밤잠을 설쳤었다.

:: 몸을 화살처럼, 아니 쌓아 놓은 동전들처럼 세워 봐요

내 명상을 도와준 '디디' (인도 명상 여성 수행자)는 그렇게 말했다. 허리를 세우라고. 그리고 복식호흡을 하면서 자신의 들숨소리를 끝까지 들어보라고 했다. '나마스까' (힌디어 정통 인사말,' 지금 이 순간 당신을 존중하고 사랑합니다.' 란 뜻)로 눈을 맞춘 후 명상이 시작되었다.

31세의 리즈는 뉴욕에서 제법 잘 나가는 작가다. 자상한 남편, 최고급 아파트까지 다 갖추고 살지만 항상 마음 한구석이 허전하다. 이것이 진정 자신이 원했던 삶일까? 반문하는 것이다. 결론은 '아닌 것 같다.' 였다. 모든 것을 뒤로한 채 1년간의 여행을 떠난다. 이탈리아에서는 여유로움을 즐기면서 마음껏 먹기로 한다. 불어난 허리 크기에 맞춰 바지를 바꿔 입으면서도 먹고 또 먹는다. 젤라또, 피자, 스파게티, 카푸치노, 칠면조에 하우스 파티……. 아! 나폴레옹 패스트리는 정말 달콤해 보였다. '닐 영' 의 〈Heart Of Gold〉란 올드 팝을 긴 여운으로 남긴 채 달콤한 게으름의 이탈리아 생활을 끝낸다. '에디베더' 의 〈Betters Day〉가 감미로운 전자오르간 반주로 흐르는 곳에는 인도 특유의 냄새가 있었다. 빈민가, 농촌, 숲 등. 명상원 '아쉬람' 은 우리나라 교회에서 부흥회 하는 모습을 연상케 했다. 신과 마주하기, 새벽기도, 나 자신과 화해하기, 내면의 평화 찾기, 행운의 코끼리 만나기 등 한시도 빈틈없이 내면의 자신과 소통하는 시간이 주어진다. 생활이 조금도 답답해 보이지 않는 것은 그녀 안에서 치유가 일어나고 있다는, 평화를 찾았다는 증거가 아닐까? 그곳에서 만난 텍사스 아저씨 리처드(리처드 젠킨스 분)는

"시간 낭비하지 말고 자신을 용서하라."

라고 주문하며 기도원을 떠난다. 슬픔은 언젠가는 사라진다는 것, 집착하지 말라는 것, 마음의 용량을 키우라는 것……. 그녀는 하염없이 쏟아지는 눈물을 삼키고 '발리' 로 떠난다. 주술사 '케투' 가 건넨 '세상을 머리로 계산하지 말고 가슴으로 느껴! 라는 충고가 균형 잃은 그녀에게 더 큰 균형을 선사한다.

"당신과 함께하고 싶어."

발리에서 사업하는 멋쟁이 브라질 남자 '펠리페' (하비에르 바르뎀 분)의 부드러운 매력은 그녀의 마음을 사로잡기에 충분했다. 그를 따라 무인도로 향하는 뱃머리에 '베벨 질베르토' 의 삼바와 쿨재즈가 결합된 곡 〈Samba Da Bencao〉가 기분 좋게 흐른다.

:: 자신에게 꼭 맞는 행복이 있어, 그것을 찾아야 해

사람에게는 아상我相이 있다. '자기라는 고집 즉, 자기가 제일이라는 모습을 말한다.' 명상원에서 그 찰거머리 같은 아상을 지우고 자신

안에 있는 신을 발견했으니 리즈의 삶은 풍성할 것이라 믿는다. 다만, 평화를 찾는 데도 치열한 싸움이 필요한 법이니 싸우는 요령을 터득해야 하리라.

영화는 내내 웃으며 살라고 강조한다. 입도 웃고, 가슴도 웃고, 몸 안의 간도 웃어야 한다고. 그러면 사랑도 세상도 따라 웃을 것이라고.

07

따지고 보면 사람은 다 유치해

발레교습소

세상 사는 방법에 대하여 상세히 교육하는 곳이 있던가

하는 생각을 해 봤다.

삶을 상황이나 사례별로 나누어 설명하고, 실습도 하면서

밑그림을 그려보게 한다면 대응도 편하고 실패도 적을 텐데…….

나만 이런 생각을 하는가?

답답하던 차에 내 생각에 동조해 주는 영화를 한 편 만나 반가웠다.

〈발레교습소〉! 일명 'Flying Boys.'

고 3 수험생의 눈으로 세상을 그렸다. 이들은 하나같이 끓는 피를

태워 훨훨 날고 싶은데, 발이 말을 듣지 않는다고 했다.

답답한 감독은 주인공 '민재' (윤계상 분) 아빠의 직업을 유명 항공사

기장으로 설정해서 희망의 창공을 이야기해준다.

그러나 일 년 중 반만 집에서 잠을 자고, 부인이 세상을

하직하는 순간에도 반대 방향으로 날아가야 하는 비애에 대해서는

설명하지 못한다.

:: 정지된 상태에서 날 수 있는 기술, 발레만한 게 없지

아버지 차 몰래 운전하고 나갔다가 캄캄한 골목길 뺑소니 사고 현장에서 가해자로 몰릴 위기에 처한 민재, 뒤를 돌봐준 게 발레학원 원장이다. 단짝 친구 두 명 보태서 학원에 등록할 수밖에 없게 됐다. 교습소에는 비디오가게 주인과 식당 아줌마 등 마을의 성별, 직업별 대표가 여럿 모였다. 고3 여학생 둘이 와 있는 게 의외다. '황보수진' (김민정 분) 이란 애는 예쁜 것이 공부도 잘한다고 했다. 민재는 그 아이를 보자마자 뿅 가버린다. 수업은 시작되고 '아라베스크', '그랑 쁠리에', 중심이동을 주문하는 선생님 목소리가 갈수록 커진다. 철봉을 붙들고도 몸의 균형을 못 잡아 진도를 나갈 수 없는 이들. 사내아이들은 발레보다 몸에 딱 달라붙는 타이즈로 인해 하반신에 더 신경을 쓸 수밖에 없다. 그런 그들의 사정을 아는지 모르는지 '선생님' (도지원 분)은 민감하기 짝이 없는 몸을 아무 데나 만진다. 자세를 교정해주기 위해서라는 데야.

백댄서를 꿈꾸는 창섭, 컴퓨터 프로게이머가 되고 싶은 동완, 민재, 그리고 발레와는 상관없지만 같은 반 친구인 동욱 그렇게 네 명은 어깨동무를 한다. 수능 끝나고 반짝이는 거리로 나서는데, 세상이 흐물흐물해 보인다. 술 마시고, 게임방에서 밤새우고…….

민재는 엄마가 하늘나라로 가시고 이모가 집안일을 돌봐주시는데, 이모는 매번 연근蓮根을 식탁에 올린다. 그 반찬은 엄마가 좋아하셨기에 보기만 해도 목이 메는데.

이따금 집에 오시는 아빠는 무조건 항공학과만 가란다. 엄마 임종도 지키지 못한 아빠의 직업은 민재에게 경멸의 대상이었다. 눈치 지원으로 조경학과에 붙지만, 민재는 조경이 뭔지도 모른다. 수진이랑 비디오 같이 보다가 뒹굴고 나서 몸살을 앓게 되는데, 그녀는 그 일에 대해서 아주 냉소적이다. 그러더니 어느 날 취업이 잘된다며 제주대 수의학과로 가버린다. 강아지도 무서워하는 애가 무슨 심사인지 원. 동완이는 허구한 날 게임방에서 시간 축내고, 백댄서 오디션에 낙방한 창섭은 생선 창고에서 막노동 한다. 그렇지만 그들은 시간이 되면 어김없이 발레교습소에 모여 선생님의 손 세례를 받는다.

동욱의 편의점을 찾은 민재는 영문도 모른 채 얻어맞고 돌아서는데, 그는 대학 가는 민재에게 자신의 처지를 투사했던 것. 동욱의 아파트에서는 머리 깎은 동생이 혐오감을 준다하여 연판장이 돌고 급기야 형제는 쫓겨나고야 만다. 민재 이모도 사인했단다. 연근 반찬과 항공학과 지원 문제로 밥상 앞에서 언쟁을 벌이던 민재는 가출을 하고, 음료창고에서 막일을 한다. 그런 와중에도 발레는 계속되어 마을 문화예술제 날 무대에 서게 된다. 어설픈 실력이었지만 공연은 기대 이상의 성공을 거둔다. 난생처음

"잘했다."

라는 말을 듣고 민재는 흥분한다.

:: 어른들은 다 그래, 남 따라 다 그래

"날아야 해! 그것도 무조건 더 높이."

어른들은 다 그렇게 말한다. 세상에는 날지 않고 사는 방법이 얼마든지 있는데……. 영화에서 발레는 비상飛上의 은유다. 세상으로 나가는 데 있어 발걸음이 꼬이면 안 된다는, 몸의 중심을 잡지 못하면 성공하지 못한다는. 조경학과라는 화두는 정원을 손질하듯 세상을 단정하게 가꾸라는 지시와도 같다. 집 나오던 날, 갈 곳 없는 민재는 교습소에 간다. 캄캄한 구석에 멍하니 앉은 민재 앞으로 실내가 페이드인(Fade In) 되었다. 이게 웬 일. 발레 선생님이 희미한 마루 위에서 민재가 온 줄도 모르고 발레연습에 열중이었다. 십 년을 그렇게 살아왔단다. 학생이 없어 곧 문을 닫을 것 같은 교습소였는데…….

영화는 '소소한 것 같지만 진득해야 하는 것이 인생이다.' 라고 말한다.

"민재야! 보았어? 어른이 되면 가출도 할 수 없다고."

08

오늘이 행복한 이유를 아세요?

사랑의 블랙홀

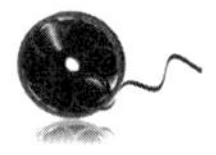

"사람들은 내일來日을 하찮게 여겨요."
'겨울은 춥고 희망 없는 계절이요 생명 순환의 계절일 뿐.' 이라던 '체홉' 의 시를
노래하면서 마냥 봄만을 꿈꾸는 마음처럼요. 조곤조곤 속삭이는 듯한 이야기가
화면에 자욱하게 깔린다.
"내일 말인가요? 누구나 같을 수는 없겠죠. 한달음에 달려가 열고 싶은 사람이
있는가 하면, 다가가고 싶지 않아 미적거리는 사람이 있을 테니까요."
그렇지만 확실한 것은 누구나 저 낙조 끝자락과 맞닿아 있을 또 하나의
하루인 내일을 무작정 맞이할 수 없다는 것이다.
이런 생뚱맞은 화두를 불식시키기라도 하려는 듯 많은 영화가 내일과 집요한
줄다리기를 했다. 〈쇼 생크의 탈출〉에서는 억울한 '앤디' 가 맞이해야 하는
지옥 같은 내일이 있고, 〈벤자민 버튼의 시간은 거꾸로 간다〉에서는 여든 살
외모의 노인으로 태어난 주인공 '벤자민' 이 날로 젊어져서 주체하지 못하고
맞이해야 하는 뒤로 가는 내일이 있다. 그런가 하면 영화 〈사랑의 블랙홀〉은
아예 아침 여섯 시라는 시간에 마법을 걸어놓고 그 흐름을 중지시켜버려 오지 않
는 내일이 있다. '배는 좋아해도 바다는 싫은 것 같은' 이란 야릇한 비유법을 쓰며
시간을 조롱이라도 하듯 말이다. 도대체 내일이 어떻다는 것인지?

:: 삶에는 함정(Trap)이 있어요

'레드퀸 이펙트' 라는 게 있다. 소설 《이상한 나라의 엘리스》 속편에 나오는 이야기다. 거기 거울 속 붉은 나라는 늘 경치가 움직이므로 제자리에 머물기 위해서는 끊임없이 달려야 한다. 남들보다 앞서 가기 위해서는 더 빨리 뛰어야 한다.

제 잘난 맛에 살아가는 TV 기상통보관 '필 코너스' (빌 머래이 분)는 매년 2월 2일에 개최되는 성촉일(Groundhog Day) 취재를 위해 PD인 '리타' (앤디 멕도웰 분)와 함께 펜실베이니아 주 '펑추니아' 마을로 간다. 이곳에서는 매년 '우드척' 이라는 다람쥐 같은 동물을 통해 봄이 언제 올지 점치는 행사를 한다. 필은 실황 방송을 마치고 호텔에서 잠을 잔다. 아침 여섯 시, 모닝콜이 울리고 눈을 뜬다. 구내식당 아줌마와 인사를 나누고, 길에서 고교 동창생을 만나고, 건물 모퉁이에서 추위에 떨고 있는 거지를 만난다. 운동장으로 내려서다가 그만 얼음 웅덩이에 빠진다. 행사장에서 실황을 중계하고, 다시 호텔에 와서 잠을 잔다. 다음날 여섯 시! 다시 모닝콜이 울린다. 그리고 어제와 똑같은 일이 벌어진다. 다음날도 그 다음날도……. 여섯 시의 환각(Trip)에 빠진 것이다. 똑같은 하루의 틀에 갇혀 애가 타는 필, 급기야는 돌출된 행동을 하기에 이른다. 축제장에서 소란을 피우고, 여자를 유혹해서 잠을 자고, 행사장 자동차를 훔쳐 자살을 기도하고. 그러나 다음날은 어김없이 호텔 침대에서 모닝콜로 잠을 깬다. 어느 날 그는 자신의 태도를 바꿔보기로 한다. 아침에 만난 동창과 따뜻한 인사를 나누고, 거지에게 식사를 대접하고, 리타에게는 따뜻한 사랑의 눈길을 보낸다. 길가에서 고장 난 자동차 때문에 쩔쩔매는 할머니의 차량을 수리해주고, 파티장에서는 전자오르간을 멋지게 연주하기도 한다. 그랬더니 얼마 지나지 않아 그 찰거머리 같던 환각이 서서히 풀리기 시작하는 것이 아닌가? 더 짜릿한 것은 어느 날 리타가 활짝 웃으며 사랑을 고백하는 것이다. 그 사이 호텔 문 앞에 쌓인 소담스런 눈 위로 그토록 기다리던 내일이 슬그머니 열린다.

:: '고이' 라는 물고기를 아세요?

"혹시, 혹시 말입니다. 당신을 경매에 붙인다면, 사랑이란 이름의 딱지를 붙여 경매에 내놓는다면 얼마에 낙찰될 것 같습니까?"

영화 속 '필' 은 339달러 10센트에 낙찰된다. 그 금액은 그토록 흠모하던 리타가 써낸 것이다.

일본 명 '고이' 라는 물고기가 있다. 어항에 두면 5~8cm 크기로 살지만 강물에 놓아주면 80~120cm까지 자란다는. 필은 비로소 강물을 만났다. 마음껏 헤엄칠 수 있는 세상을 찾은 것이다. 자신의 노력으로 얻은 결과이기에 더욱 값지다.

"경치가 움직이는 곳에서 제자리 뛰기를 하시겠어요?"

"어항에 머무는 고이가 되겠습니까?"

영화는 말한다. 오늘과 다른 내일을 꿈꾸며 일탈逸脫을 시도하는 사람 눈에는 얼음물 구덩이가 보인다고. '아인슈타인' 이 이런 말을 했답니다. '매일 똑같은 생활을 하면서 커다란 변화를 꿈꾸는 사람은 정상인이 아니다.' 라고요.

아! 오늘과 똑같은 내일은 없답니다.

09

운수運數가 나빠요. 어쩌죠?

시암썬셋

둔탁하고 어지러운 상황에서 나타나는 색色,

그 색을 아지랑이 색이라고 한대요.

세상이 꼭 아지랑이와 같기 때문이라나요?

그 아지랑이 때문에 쩔쩔매는 사람이 있어요. 건장한 청년이고요.

직업은 칼라리스트랍니다.

색깔과 관련된 일을 전문적으로 하는 사람이죠

특이하게도 이 사람은 초점이 맞지 않는 눈〔眼〕을 가졌다고 하네요.

그의 눈에 비친 세상은 당연히 아질아질하겠죠.

자신의 운이 몹시 나쁘다고 단정해 버렸더니 그런 현상이 나타났대요.

:: 운運이여, 언제까지 내 발목을 잡을 텐가

운이 좋았으면 좋겠다. 노력한 것보다 더 좋은 결과가 나왔으면 좋겠다. 염원해도 세상은 내가 원하는 만큼 속 시원한 결과물을 안겨주지 않는다. 심지어는 형편없이 좋지 않은 상황으로 내몰아버리는 경우가 있고, 나 때문에 주위 사람이 피해를 보는 수도 있다. 그러기에 사람들은 예비하고, 기도하고, 부적도 붙이며 산다. 그러나 운 앞에서 뾰쪽한 수를 찾지 못한다. 나폴레옹은 능력 있는 장군보다 운 좋은 장군을 기용했다고 하지 않았던가. 동서고금을 막론하고 운이 문제다.

공군 수송기가 실수로 냉장고를 떨어뜨렸는데, 사랑하는 아내가 깔려 죽었다.

호주 영화 〈시암썬셋〉은 이렇게 황당한 설정으로 영화의 문을 연다. 속된 말로 촉 떨어지는 사고를 당한 '페리'(라이너스 로체 분)는 어쩔 줄 모르고 아질아질한 상태에서 하루하루를 보낸다. 색色 만드는 일을 하는 그는 회사에서 촉망받는 인재인데, 사고 후 맥없는 태도 때문에 사장의 미움을 산다. 그런 중에도 친척이 넘어진 조각상에 찔려 죽고, 회사 윤전기가 고장 나는 등 좋지 않은 일이 계속 발생한다.

자의 반 타의 반 휴가를 떠난다. 때마침 아버지랑 함께한 빙고 게임에서 호주 오지 탐방 무료티켓을 받게 되어 여행단에 합류한다. 호주의 오지는 비경이나 유물유적도 없는 앙상한 황무지다. 텐트치고 밥도 지어야만 하는 여행객들, 기사의 간섭까지 더해져 짜증이 이만저만 아니다. 설상가상으로 가는 곳마다 사고 연발이다. 지축이 흔들려 야영지가 풍비박산하는가 하면, 폭우로 인해 길이 끊겨 애를 먹는다. 이런 상황에서 '그레이스'(다니엘 코맥 분)란 여인이 합류한다. 마약에 폭력을 일삼는 애인 '마틴'(이안 블리스 분) 몰래 돈을 빼들고 오지로 내뺀 여인. 마틴은 조롱이라도 하듯 그레이스 뒤를 쫓는다.

답답한 나머지 버스 천장 바람구멍을 밀치고 목을 내놓는 페리, 광야에 대고 목청껏 부르짖는다.

"운명아! 어디 한번 해 보자."라고.

말이 채 끝나기도 전에 이 버스는 인덕 밑으로 굴러 박살나고 만다.

일행은 트레일러를 끌고 한 로드 하우스에 들어간다. 물 만난 주인은 하룻밤에 229달러를 내라며 바가지를 씌운다. 돈이 없는 페리는 대가로 페인트칠을 한다. 그런 중에 작업장을 배회하던 그레이스와 눈이 맞고, 사랑하는 사이가 된다. 성급한 그레이스는 먼저 떠나자며 차를 빌려 오는데, 신명난 탈출은 차가 고장 나는 바람에 무위로 끝나고 만다. 자동차 지붕 위에 올라 속삭이는 두 사람, 아내 몸에 떨어진 냉장고 이야기를 꺼내자 그레이스가 웃음을 터트린다. 페리도 엉거주춤 따라 웃는다.

로드 하우스로 돌아온 둘은 합방한다. 광란의 밤을 보낸 페리가 양철로 된 벽 앞에 앉아 미소를 짓고 있다. 그레이스가 다가선다.

"색을 찾았어. 내가 찾는 색이자 우리 회사를 살릴 색이지!"

여러 가지 페인트를 섞어 칠하다 찾은 그 색은 시암*의 노을에 물든

아내의 머리카락 색이었다.

색의 아름다움에 취해 있는데, 그레이스의 남자친구가 총을 쏘며 나타난다. 페리와 결투를 벌이던 마틴이 넘어지면서 감전되어 사망하자 두 사람은 긴 한숨을 내쉬며 움츠렸던 가슴을 편다. 그리고 만면 가득 미소를 지으며 손을 맞잡고 마루에 눕는다. 손 밑에 뱀이 똬리를 틀고 있다. 불행이 들면 그냥 두지 않겠다는 자세로.

:: 당신은 어떤 색을 찾고 계신가요?

"당신이 찾은 색은 무슨 의미인가요?"
라고 그레이스가 묻자 페리는 망설임 없이 답한다.

"평화." 라고.

시암의 일몰은 페리의 정점이었던 것이다. 그 아름다움을 앗아간 일련의 불운은 전쟁이었고.

2011년 최고의 히트작이라는 우리 영화 〈최종병기 활〉의 명대사가 떠오른다. '두려움은 직시하면 사라진다.' 라는. 운명도 직시하면 될까? 아지랑이가 문제라는 생각이 든다. 태양이 있는 한 아지랑이 현상은 계속 될 텐데.

* 시암(siam) : 1939년 이전 태국의 국호.

10

내 안의 속도를 조절하라

안경

휴대전화도 터지지 않는 외진 곳으로 훽 하니 떠나고 싶은 충동을 느낄 때가 있다. 지폐 몇 장 빼들고 단출하니 떠나는 모습을 상상하면 마냥 가슴이 뛴다. 그곳에 가서 무엇을 할 것인지 구체적으로 생각해 본 적은 없다. 지금 처한 현실에서 무조건 빠져나가고 싶은 생각이 섬광처럼 스칠 때가 있으니 이를 어찌해야 할지 모르겠다.

일본영화 〈안경〉은 이런 콘셉트를 화면에 담았다.

"지구가 사라져버리면 좋겠다."

라고 말하는 '타에코' (고바야시 사토미 분)에게

'사쿠라' (모타이 마사코 분)는

"뭐 갖고 싶은 게 있어?" 라고 묻는다.

영화는 사사로운 행복을 찾지 못하고 살아가는 그녀에게 후미진 바닷가와 민박집을 제공하며 그곳에서 적응하는 것 또한 재능이라고 어정쩡하게 말한다. 그러면서 '진득이 기다리라.' 라는 메시지를 쥐여준다. 무엇을? 지나가는 것을.

:: 뜨개질은 공기도 함께 뜨는 거야!

"플라나리아를 아세요? 아무리 잘라내도 새롭게 재생하는 생명체 말이에요."

생물 교사 '하루나' (이치카와 미카코 분)는 인간의 삶을 한 생물에 비유하며 생명력을 강조한다. 뜨개질하는 주인공 옆에 앉아서

"뜨개질은 공기도 함께 뜨는 것이냐?"

라며 현상을 조절하라는 암시를 주기도 한다.

공중 화장실을 방불케 하는 허름하기 짝이 없는 공항空港 문이 열리고 한 중년 여인이 나온다. 휴대전화도 터지지 않는 아주 한적한 바닷가 민박집 '하마다' 는 간판을 작은 문패처럼 달고 있다. 간판이 크면 많은 사람이 찾아올지 모른다는 염려에서 고안한 것이다. 덕분에 예약한 사람들은 2시간 이상을 헤매다 겨우 찾아든다. 주인은 '유지' (미츠이시캔 분)라는 중년 남자다. 밥 짓고, 가끔 팥빙수를 마시고, 만돌린을 연주하는 것이 생활 전부다. 그곳에 하숙생 하루나가 있고, 봄이면 어김없이 찾아드는 정체불명의 중년 여인 '사쿠라' (모타이마사코 분)가 있다. 드넓은 바다, 민박집, 사쿠라가 운영하는 팥빙수 집이 무대 전부다. 식탐 때문에 번번이 학교에 지각하는 하루나, 매실 장아찌는 그날의 부적이라며 매일 먹어야 화가 없다고 열변을 토하는 유지, 덥지도 않은데 자꾸 팥빙수 먹기를 강요하는 사쿠라, 그러나 그들의 공통 관심사는 '자신에

게 젖어들기' 다. 다시 말하면 사색 뭐 그런 거다. 타에고는 답답증을 견디지 못하고 거처를 옮긴다. 바닷가 소로를 따라 인근 민박집을 찾아가는데, 유지가 그려준 약도가 가관이다. 길 따라 쭉 가다가 불안해질 무렵, 80m쯤 더 가서 우회전하라는 것. 밭을 일구고 오후에 교육을 받아야 하는 그 집은 더 견디기 힘들다. 다시 하마다에 올 수밖에 없는 타에고, 어느 순간 사쿠라가 진행하는 '메르시(불어로 감사하다는 뜻)체조' 에 빠져든다. 그러면서 뜨개질, 젖어들기, 늦잠자기, 바다에 낚싯대 담그고 한없이 기다리기 등 서둘 것 없는 생활에 진일토록 몸을 맡기게 된다. 어느 날 나타난 요오기(카세료 분)의 시詩에 동화되어 한껏 더 고양되는 이들, 가슴이 바다처럼 부푼다.

"나는 자유를 안다. 길을 따라 똑바로 걷는 것이다. 어쩌다 인간이라 불리어, 내가 여기 있는가?……"

젖어들기, 체조를 통한 몸과의 대화, 길을 따라 똑바로 걷는 요령까지도 터득한 타에고는 만면에 미소를 머금은 채 귀갓길에 오른다. 지프에 올라 콧노래를 부르다가 그만 창밖으로 안경을 떨어뜨리는데, 찾을 생각을 안 한다. 지프의 먼지조차 평화로운 길.

그녀는 진정 지구의 존재가치를 안 걸까?

:: 새는 서두르지 않고 바다를 건넌다

영화는 속도의 상징인 공항을 비추다가 심심하기 짝이 없는 민박집을 클로즈업한다. 자신을 재구조화하고자 느림의 공간으로 가는 길에 주인공은 비행기를 탄다. 영화 〈안경〉은 이런 인간의 이중적 잣대를 메타포로 활용한다. 영화 중간에 비가 딱 한 번 내린다. 어둠과 빛을 대비시키는 대목이다. 씻어내림과 그 후의 청결함에 대한 의미도 있다. 인간의 오감五感 뒤에는 생각이 있다는데, 또 개인의 주관적 현실 뒤에는 메타(Meta) 영역이 있다는데, 바쁘다는 게 뭔지? 자신을 챙기지 못하는 현대인에게, 영화는 때때로 안경을 끼고 내면을 들여다보는 여유를 가지라고 당부한다.

아! 백사장의 메르시 체조를 생각하니 몸이 근질거린다.

11

"예스!" 라고 말하는 순간 행복이 시작된다

예스 맨

세상 사람이 가장 많이 사용하는 단어로 'Yes' 와 'NO' 를 들 수 있지 않을까 싶다.

'알았어요.' 와 '몰랐어요.' 라는 뜻까지 합해서 하는 말이다.

나는 평소 '예.' 와 '아니요.' 라는 말의 사용범위가 어디까지인지 궁금했다. 사용되는 실례가 애매하기 짝이 없으니 말이다.

왜, "예." 또는 "아니요." 라고 명확하게 답하지 못하는지?

정말 답답한 것은 메타메시지(말 속에 다른 의미가 숨겨져 있는 메시지 속의 메시지)를 만나는 경우다.

긍정인지 부정인지, 좋다는 것인지 싫다는 것인지 알 수 없는 모호한 답변을 들었을 때의 기분은 찝찔하기 짝이 없다.

이 때문에 우리는 뜻하지 않은 고민에 빠지게 되고, 오해를 하기도 한다.

삼성의료원 나덕렬 박사는 '사람의 내면에는 자신을 해석하는 영역이 있다.' 라고 말한다. 내 안에는 나만의 고유한 생각이 있는데, 이를 객관화시켜 표현하지 않는다는 것이다.

:: 카메라 헤드를 내게로 돌려라

나는 왜 태어났나. 부부싸움 하려고 태어났나? 우물쭈물하려고 태어났나? 어떤 질문이든 '나를 바꾸고 세상을 바꿀 수 있다.' 라는 쪽으로 생각을 정리하면 생각이 쉽게 풀린다는 것. 항상 "아니요!" 또는 "글쎄요."라고 답하는 이에게 묻는다.

"그게 당신의 진짜 생각입니까?"

아내와 이혼하고 세상 흐름에 몸을 맡긴 채 지독히도 재미없이 살아가는 은행원 '칼' (짐 캐리 분)은 세상의 모든 질문에 "No"라고 답한다. 그러기에 사내에서 대출 승낙 건수가 가장 적고, 항상 외톨이로 지낸다. 어느 날 우연히 만난 옛 친구의 권유로 'Yes Man 프로그램' 에 참가하게 되는데 거기서 그는 아주 획기적인 서약을 한다. 매사 "예스!" 로 대답하겠다는 것.

그의 생활이 180° 바뀌었다. 우선 대출신청서를 받으면 무조건 승낙이다. 친구모임, 페르시아 여인과 사이버교제, 한국어 배우기, 심지어는 홈쇼핑 물건 주문까지 무조건 OK다. 만나는 사람마다 예스, 예스 그러다보니 주변에 수없이 많은 사람이 몰리게 되고 따라서 사는 방식도 변해간다. 지갑은 헤프지만 생활이 활기차고 재미있다. "예스!" 라고 말하는 효과는 놀라워서 짧은 시간 내에 회사의 매출액이 급속히 신장하는 성과를 낸다. 당연히 승진도 한다. 어느 날 노숙자를 차에 태워주고 외진 산길에 내려주는 과정에서 기름이 소진된다. 빈 통 들고 달려간 주유소에서 '엘리슨' (주이 디샤넬 분)이란 여인을 만나게 되고 사랑에 빠진다. "예스!" 가 만들어준 행운이다. 둘은 네브라스카로 달콤한 사랑 여행을 가는데, 그곳에서도 무조건 "예스" 를 부르짖다가 그만 테러리스트로 지목되어 경찰에 끌려가 곤욕을 치른다.

포털사이트 영화평에서 어떤 이는 이 대목을 '부시의 애국주의에 대한 노골적인 비아냥거림' 으로 해석하기도 한다. 영화 개봉 당시 오바마가 선거구호로 쓰던 'Yes We Can' 과 맞닿아 있다고 언성을 높이는 이도 있다. 하여튼 칼은 예스로 인해 모진 홍역도 치른다.

:: 변화는 자각에서부터 시작된다.
그럼 자각은 어디서부터 시작되는가?

"자각은 오감을 통해 외부로부터 지각된 온갖 정보에서 비롯된다지? 그렇지 않아. 자각은 예스! 에서 시작돼. 그 예스 속에는 우주가 들어 있거든. 우주는 예스란 답을 기다리고 있단 말이야."

말장난 같지만 가만히 들어보면 참 일리 있는 대사란 생각을 하게 된다.

엘리슨은 칼을 일컬어 '틀에 갇혀 사는 남자' 라고 말한다. 그 사람의 삶에는 Surprise〔살다가 뜻밖의 놀랄 일〕가 전혀 준비되어 있지 않다는 것이다. 네브라스카에 다녀온 후 엘리슨은 칼을 불신하게 된다. 이혼남이라고 말하지 않았고, 이란 여인과 사귀고 있으며, 예스는 자신과 사귀기 위해 모두 꾸며낸 말이라는 것이다. 전화조차 받지 않는 엘리슨을 달랠 방법이 없자 칼은 〈예스 맨〉세미나를 주관한 선생을 찾아간다. 선생은 그 좋은 '예스' 란 말을 무조건 쓰기 때문이라고 지적한다.

"하다 보면 의무감이나 서약 때문이 아니고 마음에서 우러나서 하게 돼."

라고 일러준다. 예스란 말은 민감해서 입 밖으로 나올 때 억양이 달라질 수 있음도 부연한다. 칼은 그 길로 엘리슨에게 달려가서 와락 부둥켜안는다.

사실 Yes와 No는 반대편에 존재하는 가장 사이가 먼 말이다. 사람은 그 간극이 싫어 둘을 나란히 붙여놓고 어정쩡하게 사용하는지 모른다. 그것은 어쩌면 두려움에서 기인하는 현상이 아닐까? 사람이, 삶이 두려워 자신 있게 자기를 내놓지 못하는……. 영화는 힘주어 말한다. 솔직해지라고. 용기를 내라고. 그리고 있는 힘을 다해 "예스!" 이렇게 외치라고.

12

시인이 된 집배원

일 포스티노

The Postman

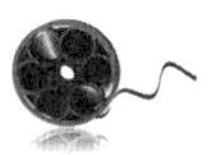

안개비로 몸이 촉촉하게 젖어 귀국하는 한 집배원에게
"행복하겠어요." 라고 말했더니 물끄러미 쳐다본다.
'함초롬한 산과 들을 가슴에 품고 돌아와 터질 듯 숨을 토하고
있으니 말입니다. 개운한 가슴이, 또 한 폭의 산수화가 들어 있는
그 머릿속이 부럽다고요!
집배원들과 막걸릿잔을 기울이는 자리에서 나는 항상
"여러분의 삶은 정말 다채롭습니다. 천태만상인 삶을 한달음에 살필 수 있
으니 말입니다." 라고 이야기한다.
스쳐 보내지 말고 행여 닮고 싶은 삶을 만나면 그대로 따라 해보라고,
백 번을 따라 하면 복제가 된다면서 〈타인의 삶〉이란 영화 이야기를
들려주기도 한다. 집배원 앞에 펼쳐지는 세상은 실황이다.
각색도 없다. 보이는 대로 느끼고 거기에 은유를 섞으면
바로 시가 되고 예술이 된다.

:: 집배원, 내 앞에서는 제발 은유나 직유를 사용치 말게

〈일 포스티노〉는 이탈리아 말로 '집배원'이란 뜻이다. 집집마다 소식을 전하는 전령사. 불세출의 시인과 만나게 되는 이 영화를 보면서 나는 속출하는 은유 중에서 두 개의 예문을 얻었다. '당신의 미소는 나비의 날갯짓'이라는 간드러지는 노래와 '당신의 가슴은 두 개의 불꽃'이라는 그림 같은 표현이 그것이다. 여태껏 '내 마음은 호수요.'만 써왔는데…….

세계적 명성의 칠레 시인 '파블로 네루다'가 1952년 본국에서 추방당한다. 공산주의 성향이 있다는 이유에서다. 이탈리아 정부가 나폴리 근처의 아름다운 섬에 그의 거처를 마련해 준다. 영화는 그 실화를 바탕으로 만들어졌다.

섬마을 뒷동산에 황토색의 밋밋한 건물이 있다. 그곳에 '파블로'(필립 느와레 분)가 머문다. 그가 온 후 섬이 몹시 분주해졌다. 우체국은 우편물이 넘치고, 카페는 쉴 새 없이 손님들로 붐빈다. 어부의 그물은 손질할 틈도 없이 바쁘다. 우체국장은 시인 댁 전담 집배원을 채용한다. '마리오'(마씨모 뜨로이지 분)가 주인공이다. 세상물정을 아무것도 모르는 시골뜨기 청년은 처음 편지 배달을 갔다가 파블로가 부인과 포옹하는 모습을 본다. 살짝 숨어 엿본 것이 그만 가슴에 사랑을 만들고 만다. 벌렁거리는 가슴을 안고 대하는 세상은 몽롱하기까지 하다. 수많은 편지의 대부분을 여성이 보낸다는 사실에 흥분하며 시와 여자 그리고 은유와 사랑을 생각한다. '인간은 사물의 단순함과 복잡함에 신경쓰지 않아. 삶〔시〕을 이해하는 가장 좋은 방법은 그 감정을 직접 경험해 보는 것뿐이야. 직접 부딪쳐 보라고!' 열변을 토하는 파블로에게서 노트 한 권을 선물로 받아든 마리오는 시작詩作에 몰두한다. 창문을 열면 파도소리, 바람 소리, 어선 삐거덕거리는 소리, 신부님 종치는 소리, 밤하늘에 반짝이는 별들 속삭이는 소리 등 어느 것 하나 시 아닌 것이 없음을 알게 된다. 우체국에서 시인 댁을 오르내리는 단순하기 짝이 없는 일상이지만 그 안에 대자연의 숨소리, 사람 사는 이야기, 그리고 사랑이 숨어 있음을 알게 된다. '은유는 사람을 후끈 달아오르게 하는 마술과 같아.' 라는 선생님 말씀은 삶의 지표가 되었다. '비가 온다.' 라기보다는 '하늘이 운다.' 라고 표현하라는 가르침을 늘 상기하면서 시 속으로 빨려든다. 마리오가 카페에서 일하는 여인 '베아트리체 루소' 를 만나면서 이들의 은유는 극치를 보인다. 편지 배달을 하고 주춤거리며 서 있는 마리오에게

"왜 우체통처럼 서 있나?"

"장승처럼요?"

"아니 장기판의 말처럼."

"아니 도자기 인형보다 조용했죠?"

여인은 은유를 따라 마리오에게 온다. '당신의 미소는 장미, 부서지는 은빛 파도.' 라고 하는데 거절할 어떤 언어를 찾을 수 있으리오.

:: 인간은 살기 힘들어 은유를 쓴다

'시를 설명하면 진부해지고 말아.' 세상도 시도 있는 그대로 느끼라고 강조하던 파블로가 해금되어 본국으로 돌아가게 된다. 외로워하던 마리오는 사회당 집회에 나가 네루다에게 바치는 시를 낭독하려다 진압대에 밀려 밟혀 죽고 만다. 훗날 섬을 방문한 파블로에게 녹음된 마리오의 말이 전해진다. '선생님 친구분께서 우리 섬의 아름다움을 말해 보라고 했을 때, 아무 말도 하지 못한 게 마음에 걸립니다. 바다, 하늘, 비, 구름, 모두가 이 섬의 자랑인데, 말하고자 하는 것과 다른 것을 비교만 하면 되었는데…….'

영화를 보고 잠시 멍하니 앉아 있던 나는 어떤 은유를 가지고 사는지 생각해봤다. 판에 박힌 일상 속에서 사실만을 강조하면서 살다 보니 '내 마음은 호수요.' 밖에 없었지 않나 싶다. 판화 같은 삶이여, 그 건조함이여!

그래서 준비한 이야기가 있다.

"집배원! 당신들은 세상을 향해 솟아오르는 물줄기." 라고.

'인간으로 살기 힘들다…….'

파블로의 입가에 번지던 삶의 여유가 그립다.

13

공인公人은 집안일로 울면 안 돼요

철도원

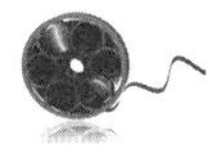

2010년 세밑, 세상이 잔뜩 부풀어 있다.

함박꽃 같은 눈이 연이틀 쏟아지더니 온 천지가 희뿌연 눈구름에

휩싸여 있다. 늘 보던 옆집 창이 없어졌다. 천지가 낯설다.

십 년 전에도 이런 적이 있었다. 그때는 〈철도원〉이란 영화 속으로

들어가 다른 세상의 눈을 만났었는데…….

눈 속에서 조우했던 또 다른 세계의 눈! 그것은 분주다사하던 내 삶에

여백을 만들어줬었다. 먼 기적처럼 세월이 흘렀고, 나는 지금 그때와

똑같은 자세로 눈〔雪〕 그리고 영화와 마주하고 있다.

그때는 가슴으로 한 번, 코끝으로 한 번 울었는데, 오늘은 눈〔眼〕으로

울었다. 내 안에서 무엇이 흘렀는가. 고작 한 뼘 옮겨간 감성의

끄나풀을 부여잡고 세월을 저울질했단 말인가?

새해가 밝았다. 김남조 시인의 「설일」을 읽으며 투명한 빨래처럼

나부낄, 고결해야 할 눈을 예찬하다 보면 새 기운이 들지 모르겠다.

'새해의 눈시울이/ 순수의 얼음꽃/승천한 눈물들이

다시 땅 위에 떨구이는/백설을 담고 온다.'

:: 당신이 올려다보는 하늘가엔 무엇이 있나요?

역장 '오토'(타카무라 켄 분)는 작업일지에 '이상무' 외에 다른 말을 써본 적이 없는 사람이다. 습득물 기재하는 것 말고……. 긴 경적을 울리며 한 량짜리 열차가 오고 또 간다. 온통 하얀 눈으로 뒤덮인 한적한 시골 종착역 호로마이, 그 역에는 평생을 몸 바쳐 일한 오토라는 역장이 있다. 그의 일은 열차가 오고 갈 때 다가서서 기합이 바짝 든 군인처럼 신호를 보내는 것이다.

"후부 ok! 신호 ok!"

선로를 닦고, 역사를 청소하고, 기관사에게 줄 따뜻한 음료를 준비하고, 일과를 마치면 관사에 들어가 잠을 잔다. 때로 풀리지 않는 일이 있으면 목을 뒤로 젖히고 하늘을 본다. 눈송이가 하나, 둘 얼굴 속 세월 위로 떨어진다.

십칠 년 만에 얻은 딸아이가 열병으로 하늘나라에 갔다. 오순도순 살아온 사랑스러운 아내도 신병으로 인해 딸 따라 갔다. 그는 병원에 동행하지 않았다. 기차에 신호를 보내고 작업일지에 '이상무' 라고 써야 했기 때문이다. 막차 타고 달려간 병원에서 아내의 주검과 만나도 그는 눈물을 흘리지 않는다.

"난 철도원이니까 집안일로 울면 안 돼요."

그렇게 그는 혼자가 되어 덩그렇게 역사와 한몸이 되었다. 어느 해 세밑, 기관사 동기인 '센' 이 찾아온다. 머지않아 노선이 없어지게 될 것이라며 자신이 일하게 될 리조트로 같이 가자고 한다. 답은 "노!" 둘은 부둥켜안고 새해를 맞는다. 아침. 오토 앞에 여섯 살쯤 된 여자아이가 나타나 뛰놀다가 인형을 놓고 간다. 한참 뒤에 동생이 두고 간 인형을 찾으러 왔다며 초등학생이 들어와 놀다가 입맞춤을 해주고 간다. 다음날은 자기 동생들이 실례했다며 여고생이 나타나 애교를 떨더니 저녁상을 차려준다. 평생 맛보지 못했던 살가운 정이다. 아! 그러나 그것은 먼저 간 딸아이 자라는 과정의 환영이었으니 어찌하랴. 그 일이 있고 잠시 뒤 오토는 호로마이 역 표지판 아래 눈밭에서 싸늘하게 식어간다.

:: 사라져가는 것과 빈 하늘은 닮은 것

우리 영화 〈와이키키 브러더스〉의 주인공 '성우' 가 생각났다. 남성 4인조 밴드의 리더, 그도 한때 잘나가던 시절이 있었다. 노래방에 밀려 빵값도 못하는 삼류밴드 신세로 전락했음에도 그 자리를 꿋꿋하게 지키던 고달픈 사람. 옆에 와서 벌처럼 윙윙거려(Buzz) 주는 친구가 한 명만 있어도 큰 힘이 되었을 텐데……. 그도 텅 빈 하늘을 바라보며 한 알 한 알 떨어지는 눈송이를 부여잡고 울먹이다 잤겠지.

영화평론가 심영섭 박사는 분위기가 비슷한 일본 영화 〈러브레터〉를 불러 나란히 세워놓고 눈에 대하여 말한다. '일순간 모든 것을 덮어버리지만 짧은 순간 한꺼번에 스러지는 순백의 정한靜閑, 녹아 없어지면 그뿐인 그리움의 기억' 이라고. 또 '오토가 젊었을 때 역사에 흐드러지게 피었던 벚꽃과 평생 얼굴을 적셔준 눈송이, 그 흩날림은 시각적 나르시시즘' 이라고.

살면서 차마 놓지 못하고 치켜든 일로 마치 라이터의 불꽃처럼 명멸하던 상황이 어디 한두 번이던가. 그럴 때마다 나도 고개를 뒤로 젖히고 텅 빈 하늘을 봤었다. 엊그제 우리 우체국 한 집배원이 던진 말이 내 얼굴에 눈송이 되어 날아든다.

"연하장이 많이 줄었어요. 인터넷과 스마트폰 때문이겠죠?"

"그래, 여러 가지 이유가 있겠지!"

다시 눈발이 굵어지고 있다. 오후 늦게 귀국歸局하는 그들을 맞이하기 위해 후정의 눈을 쓸어야겠다.

14

미치도록 아름다운 삶을 만나기 위해 나를 버렸다

타인의 삶

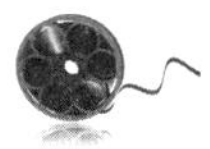

영화치료의 진정한 매력은 다른 자아(Alter Ego)를
좇아 보는 데 있다는 생각을 했다.
영화와 나누는 영혼의 교감은 무한한 상상력과 섞이기에 현상을
초월하는 효과를 낸다. 영화 〈타인의 삶〉은 갇혀있는 자아가 경계를
넘어 분리되는 모습이 생생하게 살아있어 맛이 강하다.
여주인공의 절규가 주는 얼얼한 충격이 지워지지 않아 더 그렇다.
"당신의 신념과 재능에도 불구하고 살기 위해 뭐든 다 해야 하잖아요."
흔치 않은 독일 영화,
표현주의* 색감이 강하고 흐름 또한 전반적으로 예리하다.
팽팽한 긴장감 속에서 존재의 다른 차원을 강조하는
총체적 인간행동이 어떻게 표출되는지 주의 깊게 살펴본다.

:: 훔쳐본 남의 삶, 그 속에서 확인한 이상향

화면은 베를린 장벽이 무너지기 5년 전인 1984년으로 거슬러 올라가 비밀경찰 '비즐러' (울리쉬 뮤흐 분)라는 인물을 비춘다. 그는 취조 및 감청 전문가다. 당대 최고의 시인이자 극작가인 드라이만(세버스티안 코치 분) 그리고 그의 연인이자 최고의 배우인 크리스타(마르티나 게덱 분)의 집에 도청장치를 하고 24시간 감청을 한다. 깊은 밤, 삭풍보다 더 차가운 도청용 타자기의 마찰음이 그의 이성을 지배하기 시작한다. 시 쓰고, 연기하고, 사랑을 나누는 연인의 평온한 모습과 극명한 대조를 이루는 생활이다. 어느 날 시인의 집에서 생일파티가 열리고 참석자들은 열띤 논쟁을 벌인다. 시인은 선물로 받은 《아름다운 영혼의 소나타》라는 책을 보며 좋아하다가, 진한 사랑을 나누고 깊은 잠에 빠진다. 비즐러의 태도가 갑자기 돌변한다. 잔뜩 부러운 눈길을 보낸다 싶더니, 갑자기 자기 집으로 창녀를 불러들여 그들의 흉내를 낸다. 어느 날 귀가하던 크리스타가 체제의 주역인 '햄프' 장관 차 안에서 성폭행을 당한다. 이 사실을 알게 되는 드라이만, 집에 들어와 돌아누운 크리스타를 말없이 안아준다. 감청 석에서 크리스타와 같은 자세로 오그리고 잠들었던 비즐러는 어떤 위로를 보냈을까? 드라이만의 집에서 '브레히트' 의 시집을 들고 나온 비즐러, 장의자에 누워 책장을 넘긴다. 드라이만이 낭독하는 음성이 들리는 듯 목을 움츠린다. 명성을 날리던 연출가 베르츠카가 자살한다. 그 사건은 예술계에 커다란 충격을 준다. 시인은 그 슬픔을 피아노 연주로 달랜다. 《아름다운 영혼의 소나타》, 생일선물로 받은 바로 그 책에 있는 곡이다. 비즐러는 넋을 잃고 눈물을 흘리면서 감상한다. 어느 날 서독의 《슈피겔》지에 동독 예술가의 자살통계에 관한 기사가 실린다. 드라이만이 쓴 글이다. 이 일로 크리스타를 취조하게 되는 비즐러! 견디다 못한 크리스타는 결국 드라이만이 기사 작성할 때 사용한 타자기 소재를 알려주고야 만다. 비즐러는 취조가 끝나자마자 크리스타보다 먼저 시인의 집으로 달려가 타자기를 숨긴다. 양심의 가책을 받은 크리스타가 자살하면서 사건은 종료된다. 후에 비즐러의 이상 징후를 포착한 국가정보국은 그를 집배원으로 축출하고야 만다. 그리고 통일이 된다.

통일독일의 한 서점, 우편물을 배달하던 비즐러가 드라이만이 쓴 책 앞에 선다.

"감사하는 마음으로, 이 책을 HGW XX/7(비즐러를 지칭)에게 바칩니다."

"내 이야기요."

비즐러가 점원을 향해 고개를 든다. 좋아하는 표정이 아이처럼 순수하다.

"난 당신의 삶을 훔쳤고, 당신은 내 삶을 찾아줬으니 서로 고마운 일이 아니겠소?" 라는 듯.

:: 프로그램된 삶, 돌파구를 찾기 위한 기제는?

이 영화가 주는 커다란 선물은 통찰〔insight〕이다. 영화를 보다 보면 자신만의 정서적 공간, 치유적 공간을 찾아가는 길이 열린다. 음악이 있고, 시가 있고, 사랑이 있어 감미롭다.

다음은 모델링이다. 벽과도 같은 현실을 남들은 어떻게 타개하는지, 예술혼을 가진 사람들은 살면서 어떤 자세를 견지하는지, 나의 버둥거림은 과연 어떤 정당성을 갖는지 살펴지는 것이다. 남의 삶은 뽀송뽀송한데 내 인생은 왜 이리 푸석할까? 내가 몸담은 곳은 왜 이렇게 편하지 않을까? 자가규정으로 세사를 돌파할 수 있는 속 시원한 방법은 없을까?

비즐러가 웃으면서 답해 줄 것이다.

"하하하 집배원도 힘들어! 그렇지만 봉사하는 삶이 의미 있더라고."

* 표현주의 : 극단적인 왜곡과 서정성을 강조하고, 객관성이 훼손되더라도 예술가의 자기 표현성을 강조하는 영화제작 스타일(《영화의 이해》 루이스 자네티 저)

Chapter 2

가족 · 여성

길버트 그레이프

노스 컨츄리

델마와 루이스

도쿄타워

똥파리

미스 리틀 선샤인

블라인드 사이드(Blind Side)

사랑한 후에 남겨진 것들

사쿠란

세상에서 가장 아름다운 이별

애자

01

죽는다고, 헤어진다고 가족의 의미가 끝나는 것은 아냐

길버트 그레이프

가족치료 과정에 '가계도 그리기' 가 있다.

그림을 통해 내담자와 가족의 관계를 알아보려는 게 목적이다.

구성원 상호 간에 얼마나 밀착되어 있는지, 갈등은 없는지,

얼마나 소원한지…….

놀랍게도 그림은 사람의 마음을 적나라하게 드러낸다.

경계나 혼돈이 있는 사이는 표시가 없거나, 공허하거나, 혐오스러운 형상으로 그려진다. 어른이든 아이든 좋고 싫은 감정을 여과 없이 표출하는 것이다. 이는 평소 가족관계에서 내색하지 못하고 가슴에 묻어둔 응어리가 얼마나 큰지 알게 해주는 대목이다.

처방이 있어야 할 텐데 이를 어찌해야 할지 모르겠다.

가족은 삶의 근원이고, 사람은 거기서 비롯되기에…….

:: 세상에는 가족한테 꽁꽁 묶여서 자신을 잊고 사는 사람이 많아

집에 울타리를 두르는 것은 경계를 표시하기 위함이다. 원치 않는 외부인의 출입을 막으려는 목적이 있다. 그런데 울타리 안에 있는 가족의 이탈을 막기 위한 의도가 있다고 주장하면 공감할 수 있을까?

'길버트그레이프' (조니 뎁 분)라는 청년이 있다. 오하이오주 인구 천 명 남짓한 작은 마을 '엔도라' 의 외딴집에 산다. 식료품 가게에서 일하며 가족을 부양한다. 그에게는 남편이 목 메달아 자살한 이후 충격으로 몸무게가 230kg이나 되도록 내버려두고 사는 엄마가 있다. 그리고 저능아인 동생 '어니' (레오나르도 디카프리오 분)와 34세의 누나 '아미 그레이프' 그리고 한창 멋내기를 좋아하는 여동생 '엘렌' 이 있다. 친구로는 패스트푸드 연쇄점을 경영해서 밀크 쉐이크를 많이 먹는 게 꿈인 '터커' 와 장의사 차를 운전하는 '보비' 가 있다.

길버트의 생활은 식료품을 배달하고, 항상 높은 곳에 올라가려는 어니를 말리고, 친구들과 이야기하는 게 전부다. 아, 가끔 동네 '카버' 부인이 유혹하면 식품 몇 가지 들고 가서 응해주는 예외적 상황도 있다.

길버트는 이런 생활이 항상 불만이다. 언제든 집 울타리를 뛰어넘어 탈출하겠다는 생각을 하며 산다. 어느 날 마을에 캠핑카 부대가 몰려와 자리를 잡는다. 돔 모양의 반짝거리는 내장 탑을 실은 자동차 행렬은 마치 외계인의 출현을 방불케 한다. 그들은 아무 곳에나 차를 대고 여장을 푼다. 아름다운 자연을 벗삼아 사는 이들. 집에 울타리가 없으니 숨 막힘이 없고, 떠나고 싶으면 아무 때나 자동차 시동만 걸면 되니 사는 게 자유다. 캠핑 족에 '베키'(줄리엣 루이스 분)라는 소녀가 있다. 그녀는 어니가 가스탱크에 올라가 말썽부리는 것을 길버트가 사랑으로 감싸는 광경을 보며 감동한다. 둘은 급작스레 친해지는데, 길버트는 엄마에게 소개할 용기가 나지 않는다. 한편 어니의 18번째 생일을 기다리는 가족은 준비에 여념이 없다. 해마다 맞이하는 생일이지만 어니의 이번 생일은 가족에게 주는 의미가 특별하다. 어렸을 적에 어니는 10세밖에 살지 못할 거라고 했기에. 성인이 된 어니의 생일 파티는 오아시스를 찾는 기대와도 같이 고단한 생활에 지친 모두를 들뜨게 한다. 생일 전날, 가스탱크에 다시 올라간 어니를 경찰이 연행하자, 엄마는 그 무거운 몸을 이끌고 경찰에 가서 어니를 데려온다. 아들 사랑에 체면을 내려놓는 대목이다. 그 과정에서 길버트는 베키를 엄마에게 소개하고, 기운이 생긴 엄마는 어렵게 운신을 시도한다. 의아해하면서도 기뻐하는 가족, 그러나 그 움직임을 끝으로 엄마는 영면에 든다. 운구가 가장 큰 문제다. 엄마를 구경거리로 만들고 싶지 않은 이들은 별별 궁리를 다한 끝에 집을 태우기로 결정한다. 먼발치에서 활활 타오르는 집을 바라보는 가족, 불은 순식간에 집과 엄마는 물론이고 그동안 길버트를 옥죄던 모든 것을 태워 잿더미로 만들고 만다.

멀리서 반짝거리는 캠핑카가 달려온다. 베키가 타고 있다. 길버트와 어니에게 다가온 은빛 희망이다.

:: 살면서 자신을 위해 하는 일이 무엇이라고 생각해?

천사처럼 나타난 베키는 캠핑카에 찾아온 길버트에게

"가장 원하는 게 뭐야?"

라고 묻는다.

"글쎄, 일단 새것이 필요해. 새 가구, 새집, 그리고 엄마가 에어로빅이라도 했으면 좋겠어. 앨런도 빨리 커야 하고, 어니의 뇌도 좋아졌으면 좋겠어."

그러자 베키는

"가족 말고, 너만을 위한 것 말이야."

라고 반문한다. 길버트는 말이 없다.

"말을 해 길버트! 매듭은 그때그때 풀어야 하는 거야. 현실이 암담하다고 그 속에 꿈까지 묻어버리면 넌 영원히 그렇게 살 수밖에 없어."

집이 있었던 자리로 뭉게구름이 피어오른다. 길버트의 헝클어진 머리 위로 시원한 바람이 쏴 하고 지나간다.

02

성희롱, 어디까지가 악의 없는 장난인가

노스 컨츄리

몇 년 전 이탈리아 여행 중 폼페이 유적을 둘러볼 때였다.
벽화가 있는 방 앞을 지나는데 앞서 가던 우리나라 여행객 중
한 사람이 큰소리로 너스레를 떠는 것이었다.
“옛날이나 지금이나 변하지 않는 것이 이것이구먼!”
그곳에는 성性생활을 적나라하게 표현한 벽화가 늘어서 있었다.
벽 앞으로 바짝 다가섰다. 그림은 기원전의 성을 있는 그대로
보여주고 있었다. 장구한 세월을 도도하게 흘러왔구나.
앞으로도 이렇게 지속될 본능이겠지. 나는 성의 미학 앞에서
한동안 입을 다물지 못했다. 그리고 얼마 지나지 않아
〈노스 컨츄리〉란 영화를 만났다. 직장 내 성희롱을 다룬 이야기.
영화는 노스(North)를 춥다는 뜻으로 푼다. ‘생존은 곧 추위다.’ 라는
의미로 말이다. 붙박이처럼 얼어붙어버려 결코 녹이지 못할 것
같은 여인의 삶, 그것은 전쟁보다 냉혹한 현실이었기에 입을 굳게
다물고 몸부림을 칠 수밖에 없었다.

:: 현실은 정의와 거리가 멀다

1984년 미국 최초의 직장 내 성희롱 소송인 '젠슨 대 에벨레스 광산 사건' 에 앵글이 맞춰진다. 영화는 역겨운 여인의 삶에 대고 광상곡을 들려준다.

남편의 폭력을 견디다 못해 아이 둘과 함께 집을 뛰쳐나온 '조시' (샤를리즈 테론 분)는 친정으로 간다. 광산 일을 하며 어렵게 살아가는 아버지는 딸을 보며 크게 실망한다.

"바람피우다가 맞았어?" 라며.

고향 친구이면서 광산 트럭기사인 '글로리' (프랜시스 맥도먼드 분)는 광산 일을 권한다. 보수가 괜찮으니 견뎌보라며. 조시의 광산 입문은 신체검사에서부터 꼬이기 시작한다. 의사가 신체 특성을 발설한 것이다. 이래저래 불편한 그녀의 눈에 이해할 수 없는 장면이 계속 포착된다. 남자들이 담배를 달라며 여직원 상의 앞주머니에 손을 넣고, 남성 상징 모형을 도시락 가방에 넣는가 하면, 여성탈의실에 오물로 특정인의 이름을 적어놓는다. 작업반장에게 항의했지만 그는 광산에 들어왔으면 카우보이가 되라며 일축해버린다.

어떤 이는 조시를 크레인타워에 올라가라 해놓고 따라가서 억지로 키스를 한다. 이동식 화장실을 밀어 넘어뜨려 오물을 둘러씌우고 웃어댄다. 남자들은 그것을 장난이라고 했다.

견디다 못한 조시는 회사 사장을 만나기로 한다. 본사에 들러 면담을 하니 사장 말이 가관이다.

"회사 내규에는 사직서 제출 14일 후에 수리하게 되어 있지만, 당신은 특별히 즉시 수리해 주겠다." 라고.

회사를 그만둘 수 없는 처지인지라 그녀는 이를 악물고 버틴다. 그 사이 집도 구했고, 아이들 놀이기구도 장만해 줬기에.

어느 날 원석이 쌓인 작업장에서 '얼' 이란 남자가 조시를 덮치는 사건이 발생한다. 조시는 그 길로 뛰쳐나가 소송을 시작한다. 루게릭병에 걸려 생사의 갈림길에 선 글로리까지도 '동조하는 사람이 없으면 무조건 패소한다.' 라며 만류하지만, 그녀의 외로운 투쟁은 계속된다.

"좋은 일을 하기엔 인생이 그리 짧은 것은 아니지." 라며.

글로리의 친구인 변호사 '빌' (우디 헤럴슨 분)의 힘을 빌려 소송이 진행되는데, 단체소송 요건인 세 명의 증인을 확보하지 못해 애를 먹는다. 같이하고 싶지만, 여차하면 일자리를 잃을 것이란 우려에서 다른 여성들이 동조하지 않는 것이다. 회사 측은 조시가 어린 시절에 강간당한 이야기까지 끌어내며 재판 자료를 준비한다. 조합원 회의가 열린다. 조시가 마이크를 잡고 자기주장을 하지만 함성 속에 휩싸여 버리자, 조용히 앉아있던 조시 아버지가 나선다.

"여러분은 모두 내 형제 자매이고, 지금 당신들이 조롱하는 저 여자는 바로 내 딸이다. 그 사실이 부끄럽다. 여기서 부끄럽지 않은 것은 내 딸뿐이다."

아버지의 감동적인 연설에 어머니까지 가세하자 사람들이 생각을 바꾼다. 하나, 둘 일어나서 증인 대열에 합류한다.

:: 좋은 게 좋다고? 그렇다면 어디까지 참아야 하지?

어느 성교육 자리에서 들은 이야기다. '성 희롱은 남녀의 문제이기도 하지만 권력의 문제라는 데 더 큰 심각성이 있다.' 라고. 삶의 현장에는 어디나 권력이 있다. 무엇이든 잘 참아내는 것이 성공의 관건인 양 모두들 잘 견딘다. 그런데 언제까지, 어디까지 참아야 하는가.

이 영화를 감독한 '니키 카로' 의 말을 들어보자.

"이 영화에는 흑백논리가 없다. 인간 본성에 대한 탐구만 있을 뿐이다. 과연 어떤 시점까지가 악의 없는 장난이고 어디부터가 성적 학대일까. 그 경계선은 어디일까?"

이제 우리 모두가 답할 차례다. 유유히 흘러 보내야 할 아름다운 성을 위해 성심껏 답해야 한다.

03

가을 타는 여인이여, 길로 나가자

델마와 루이스

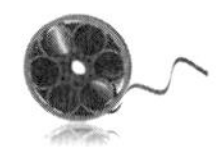

건들바람이 불기 시작하면 가슴앓이 하는 여인이 나타난다.
고수孤愁하는 모습을 보고 있자면 덩달아 가슴이 저리다.
무서리 내릴 때까지 사람을 얼얼하게 하는 정체 모를 기운 때문에
여인은 길을 잃고 마는 것이다.
이런 현상에 대하여 많은 영화가 진단했다.
영화 〈가을로〉는 '사라지는 것에 대한 아쉬움 때문' 이라 했고,
〈세상 밖으로〉에서는 '세상은 여러 개의 층을 갖고 있다.' 라며
세상의 두께를 인정하라고 주문했다.
미국영화 〈먹고 기도하고 사랑하라〉는 아예 여주인공에게
일 년간 휴가를 주는 것으로 해법을 제시했다.
얼마 전 내 이웃에서도 과감한 일탈을 감행한 주부가 있어
놀란 눈으로 올려다보았다. 그 여인은 인도, 티베트 그리고 대만을
거쳐 집에 왔다고 했다.
그녀에게 올가을은 어떤 걸음으로 다가올지?

:: 남편이여, 부인에게 휴식년을 주자

나를 페미니스트라고 할까 봐 걱정이 된다. 여성들의 좁은 공간(살림, 가내부업 등)이 답답하기 짝이 없다는 사실을 세상이 알아줘야 한다고 주장할 뿐인데…….

'로드무비' 의 대명사로 불리는 영화 〈델마와 루이스〉를 봤다. 미국여성의 가슴앓이 또한 우리의 그것과 크게 다르지 않기에 공감대를 가지고 영화에 빨려들었다.

가정주부인 '델마' (지나 데이비스 분)는 그저 남편이 벌어다 주는 돈으로 살림이나 하는 예쁘고 착한 여자다. 그러나 권위적인 남편의 위세 앞에서 기를 펴지 못하며 살고 있다. 혼자 살면서 식당에서 일하는 '루이스' (수잔 서랜든 분)는 영혼의 자유를 부르짖는 여인이다. 죽고 못 사는 사이인 둘은 지겨운 일상에서 벗어나고자 이틀 일정으로 휴가를 떠난다. 66년 형 'T-버드' 를 타고 폼나게 길을 달린다. 해방감에 들뜬 이들은 한 휴게소에서 마음껏 술을 마시게 되는데, 바람을 쐬던 델마가 주변을 맴돌던 불량배에게 강간당할 위기에 처한다. 당황한 루이스는 옥신각신하다가 남자에게 총을 쏘아 죽인다. 정당방위를 주장할 수 있는 상황이었지만 둘은 도망을 택한다. 급작스레 정한 행선지는 멕시코다. 텍사스를 거치는 길이 쉬운데, 루이스는 한사코 우회를 고집한다. 알고 보니 전에 텍사스에서 오늘과 비슷한 상황에 부닥쳐 한 남자의 머리에 총을 쓴 적이 있었던 것.

여행하자니 돈이 필요했다. 루이스의 남자친구 '지미' 를 통해 도피자금을 지원받고 휴식을 취하는 사이 델마는 강도죄로 복역하고 막 출소한 '제이디' (브래드 피트 분)라는 남자와 정을 통한다. 난생처음 느껴본 남자다운 남자였기에 델마의 흥분은 식지 않는다. 잠시 루이스에게 내려간 사이 제이디는 그들의 도피자금을 들고 달아나버린다. 망연자실하던 두 사람은 운전석에 앉아 울음을 터트리고 만다.

한편, 경찰은 이들의 행방을 추적하기 위해 델마의 집에 도청장치를 하고 전화를 기다린다. 델마에게서 전화가 온다. 태연한 척하는 남편에게 던지는 말에서 델마의 감정이 여과 없이 드러난다.

"당신은 내 남편이지 아빠가 아네요.", "여보! 엿 먹어요!"

남편이 애 같아서 애를 안 가졌다는 그녀.

"나에게 이런 끼가 있는 줄 몰랐어."라며 환호한다.

경비를 마련하기 위해 델마는 마켓에 들어가 거침없이 강도질을 한다. 수법은 제이디가 가르쳐 준 것이다. 돈을 마련한 그들은 밤을 새워 사막을 달린다. 대평원에서 점이 되어버린 차와 두 사람, 그들 머리 위로 여명이 밝아온다. 방향을 바꿔 전속력으로 질주하는 차 꼬리에서는 마치 연막탄을 터트린 것처럼 자욱한 먼지가 일어난다. 그들이 보는 세상의 은유가 이런 건지?

끈덕지게 따라다니며 희롱하는 유조차 기사와 마주하고 언쟁을 벌이는 이들.

"당신 아내나 딸이 이런 상황이면 어떻게 하겠어요?"

라며 대든다. 유조차에 총을 쏴 단번에 불기둥을 만들어 버리는 장면은 속이 후련하다. 그간의 울분을 일거에 쏟아내는 후련함 때문일까?

순찰차가 떼거리로 몰려든다. 손들고 내리라며 메가폰이 운다. 둘은 마주 보고 웃는다.

"우리 잡히지 말자."

라며 가속페달을 밟는다. 차는 '그랜드 캐니언' 웅대한 계곡 상공으로 힘차게 날아간다.

:: 길을 달리는 것은 성장을 의미한다

생의 참맛을 보려면 길을 나서야 한다. 가속페달을 밟는다는 것은 새로운 세계로 빨려들어가는 것을 의미한다. 여기서 길은 서사(敍事)다. 하나도 꾸밈이 없는, 나의 나만을 위한…….

가슴앓이를 하는 이여, 성장이 멈췄다고 애석해하는 이여. 무엇을 망설이는가. 길로 나가자. 그곳에서 힘차게 달려보자. 이 가을, 한 번의 질주로 온몸을 짓누르던 가슴앓이가 씻은 듯이 가시게 될 것이다. 아는가. 무지갯빛 희망을 만나 쾌재를 부르는 서비스까지 얻게 될지.

04

영원하지 않은 것은 환각에 불과하다

도쿄타워

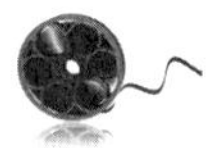

전파 송신을 목적으로 1958년에 세운 높이 333m의 철탑,
일본에서 가장 높은 건축물. 팽이의 심처럼 꼿꼿이 도시 한가운데에
꽂혀 도쿄를, 그리고 일본을 상징한다. 그 이름 '도쿄타워.'
주인공의 나지막한 해설과 함께 화면이 열린다.
'도쿄에 배척당해 고향으로 돌아간 아버지와 마찬가지로 찾아와서
돌아갈 곳을 잃은 나와, 그리고 도쿄에 이끌려와 돌아가지도
돌아오지도 못하고 영원히 잠들어버린 내 어머니와…….'
도시의 소음이, 인생이, 바람과 함께 떠올라 철제 구조물에 덕지덕지
들러붙는다. 타워는 그런 도시의 아우성에 일절 반응하지 않는다.
불을 반짝이며 자신의 존재를 알릴 뿐.
휘황찬란한 시점 쇼트를 보며 우리는 서울역 광장과 남산타워를
떠올리게 된다. 그 숨 가쁨까지도.

:: 적자인생

몸이 가고, 세월이 가고, 인생이 가고……. 수많은 도쿄의 삶을 묵묵히 지켜본 탑은 사람이 왜 떠나고 어째서 돌아오는지 그 향배를 설명하지 않는다. 이따금 붉은 노을을 비추며 호흡을 조절할 뿐.

남에게 신세 지며 사는 게 인생이라는데. 세상에는 참으로 이해되지 않는 황금률이 있다. '신세졌어!' 라고 말하는 사람이 별로 없다는 것이다. 영화 〈도쿄타워〉의 주인공 '마사야' (오다기리조 분)는 스스럼없이 자신이 주변에 빚지고 살았음을 인정하고 그 빚을 갚는 데 진력한다. 친구에게, 회사 동료에게, 특히 어머니 '에이코' (키키 키린 분)에게.

독백 형식의 해설 따라 이야기가 전개된다.

아버지가 집을 나가자 어머니는 나를 데리고 친정집으로 갔다. 버스에서 내려 한적한 철길을 따라 광산촌 한모퉁이에 있는 외할머니 댁에 찾아간 것이다. 날품을 팔며 근근이 살아가는 외할머니는 우리 모자가 반가울 리 없다. 어머니는 억척스럽게 일하는 것으로 외할머니와 세상의 눈총을 피한다. 또 웃음 가면을 쓰고 "빙글빙글" 이라 외치며 익살을 부리는 상황 극까지 연출하며 사람들을 한편으로 만든다. 놀라울 따름이다. 전장 같은 일상에서 어떻게 저런 여유가 나올 수 있을까?

세월은 그럭저럭 흐르고, 나는 미술고등학교로 진학하게 된다. 어머니와의 이별이 어쩌면 그렇게 슬프던지. 우리는 함께 시를 읊었다.

"광산촌에 뜬 예쁜 달, 할머니 동네 굴뚝이 높아 그을리겠다."

대충 고등학교를 졸업하고 도쿄에 있는 미술대학에 진학했는데, 나는 정신이 다른 데 가 있었다. 술과 여자 속에 빠져 살면서, 돈이 보이면 있는 대로 빠칭코에다 밀어넣었다. 갈수록 빚이 늘어 감당할 수 없는 상황이 되어버렸다. 어느 날 어머니에게서 전화가 왔다.

"가게를 하게 될 것 같다. 너도 공부 잘해라."라며.

그러나 나는 학점 부족으로 졸업이 불가능한 상태였다. 아버지처럼 방탕한 생활을 하고 있는 나를 보며 어머니는 얼마나 가슴이 아팠을까? 그러나 어머니는 단 한 번도 나에게 호통을 치지 않았다. 이실직고 끝에 나는 어머니의 지원을 받아 학교를 일 년 더 다니고서야 졸업장을 손에 쥘 수 있었다.

글을 쓰고, 삽화를 그리고, 나는 그럭저럭 자리를 잡아가고 있었다. 그러나 여전히 철딱서니 없는 생활은 계속되었는데.

어느 날 청천벽력 같은 소식이 왔다. 어머니가 갑상선 암 수술을 했다는 것이다. 그제야 정신이 바짝 든 나는 날밤을 새며 닥치는 대로 일을 하고, 틈나는 대로 병원으로 달려가 간호를 했다. 어머니는 병원에 올 때 대학 졸업장을 가져오라고 말했다. 옆 사람들에게 나를 자랑하고 싶었던 것이다. 병상에서 졸다가 어머니에게 물었다.

"연금은 어떻게 됐어? 보험은?"

나의 질문에,

"엄마는 전 재산을 이 졸업장에 다 쏟아부었어. 이것이 연금증서야!"

라고 말하는 것이었다.

:: 이기기 위해서 배우는 세상의 룰

남편과 이별, 친정엄마의 곱지 않은 눈총, 아들의 방황. 그런 난관을 숙명처럼 받아들이는 에이코의 자세는 나에게 익숙하지 않다. 울고불고, 야단치고, 다 뒤집어 엎어버려야 할 듯한 상황, 어머니 에이코의 미소가 답답해 보이는 것은 내가 미숙하기 때문일까? 모자(母子)는 탑 꼭대기에 올라가자고 약속한다. 그러나 에이코는 그들 꿈이 영그는 탑에 오르지 못하고 영면에 든다.

도쿄타워에 봄이 왔다. 벚꽃이 만개한 나무 위로 눈이 내린다. 마사야는 '만우절에 거짓말처럼 내리는 눈.' 이라고 말한다. '영원하지 않은 것은 환각에 불과하다.' 라고 입버릇처럼 말하던 마사야. 엄마 없는 타워가, 벚꽃에 내리는 눈이 환각처럼 보였으리라.

타워 위에서 내려다보는 도쿄가 평화롭다.

05

거짓말 같은 인생

똥파리

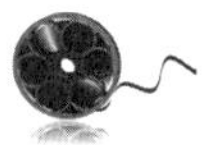

제목부터가 원색적인 이 영화를 어떻게 소화해야 할지 엄두가 나지 않았다. 욕과 쌈박질의 교집합, 까칠한 내러티브. 영화는 이렇게 부담감을 주면서 다가왔다. 어떻게 소화할까? 결국, 영화의 여운을 탓 잡기로 했다. 젖은 짚단에서 오래도록 피어오르는 연기처럼 주인공에게서 발산되는 진한 휴머니티에 내게서도 준동하는 욕하고 싶은 마음과 어쭙잖은 몸가짐을 맡겨 보기로 했다.

똥파리란, '파리목 똥파리과에 속하는 곤충이다. 몸길이는 19mm 정도이고 몸 전체가 노란색을 띠고 사람과 동물의 분(糞)에 붙어산다.' 라고 설명된다. '사람들이 싫어하는 곤충', '양아치의 상징' 등으로 많이 인용된다. 그런데 아이러니가 있다. 한국인의 기상이 발원된다는 지리산 천왕봉부터 청정을 자랑하는 우리나라 유명 산야에 이들이 대거 진을 치고 있으니 말이다. 그러기에 '인간생활과 불가분의 관계에 있다.' 라고 말하려는데 어떤 반박이 있을지 모르겠다.

:: 사람은 돌아갈 자리가 있어야 한다

'따지고 보면 우리 인간이란 별 게 아니야. 똥파리와 다를 게 없어. 똥파리에겐 더 많은 돈을, 인간에게는 더 많은 똥을.' 가수 '안치환' 이 노래 불러 더 유명해진 김남주 시인의 〈똥파리와 인간〉이란 시 한 구절이다. 극단적 비유가 아주 슬퍼 보이지만 시인을 탓하고 싶지 않은 것은 일견 일리 있다는 느낌 때문이 아닌가 싶다.

독립영화 〈똥파리〉는 '양익준' 감독이 각본을 쓰고 주연까지 한 영화다. 영화 보면서 욕이 너무 많아 얼굴을 찌푸렸는데, 한참 후에 보니 내 입속에도 욕이 한 움큼 들어 있었다. 뱉어야 할지, 삼켜야 할지 당혹스러웠다.

가정폭력을 일삼는 아버지가 휘두르는 칼에 여동생이 맞아 죽고, 병원으로 달려가던 엄마마저 교통사고로 절명한 후 혼자 살아가는 청년 '상훈' (양익준 분), 그가 할 수 있는 일은 오직 욕하고 구타하는 일이다. 채권 회수하고, 데모 강제 해산시키고, 포장마차 강제 철거하는 용역회사에서 일한다. 무자비한 폭력을 행사하고 난 뒤에 돌아오는 돈 봉투는 제법 두툼하다. 그 돈은 주로 빠친코에서 없애거나 이복누나 '현서' (이승연 분)에게 전해진다. 그녀 역시 남편의 폭력 때문에 이혼하고 아들 형인과 함께 살고 있는데 상훈은 자신의 어린 시절 기억 때문인지 형인을 끔찍이 챙긴다. 어느 날 골목길에서 무심코 뱉은 침이 여고생 '연희'

(김꽃비 분) 가슴에 떨어지고, 치우고 가라는 그녀의 뺨을 때린 게 인연이 되어 둘은 급속히 친해진다. 어쩌면 상훈은 연희에게서 죽은 여동생의 모습을 발견한 게 아닌가 싶었다. 연희 역시 월남전에서 받은 충격으로 정신분열 증세를 보이는 아버지 그리고 골통인 동생 영재(이환 분)와 살고 있다. 엄마는 포장마차 일을 하다 전에 상훈 패거리에게 당해 돌아가셨다. 상훈의 집, 15년 만기 출소한 아버지에 대한 증오심은 시도 때도 없이 욕과 구타로 발산되는데, 현실을 비관한 아버지가 동맥을 끊고 자살을 시도한다. 피 흘리는 아버지를 등에 업고 병원으로 향하는 상훈의 역주가 필사적인 것은 무슨 경우인지. 자신의 피로 수혈을 하고 의기소침해 하다가 연희에게 전화를 한다.

한강변의 새벽, 상훈은 연희의 무릎을 베고 한없이 운다. 일을 그만둬야겠다는 각오를 하는 순간이다. 마지막 작업을 나간 날, 연희의 동생인 신입사원 영재와 채무자 집에서 빚 독촉을 하다 말고 갑자기 돌아서는 상훈, 채무자는 느닷없이 망치로 상훈의 머리를 때린다. 돌아오는 길 영재는 우물쭈물한다는 이유로 상처입은 상훈을 두들겨 저 세상으로 보낸다. 영재는 그 세계의 실력자가 되어 상훈보다 더한 폭력을 일삼는다. 도로 건너편에서 연희가 그 광경을 지켜본다.

:: 가정폭력은 커다란 죄악이다

똥파리는 정말 제대로 자라지 못한 한 양아치의 거짓말 같은 인생 이야기다. 슬픈 일기장이다. 지독한 미움이 되어버린, 그러나 도저히 끊어버릴 수 없는 끈질긴 핏줄 이야기다. 부부싸움을 지켜보던 한 아이가 일기장에 적었다는 이야기가 있다. '저것이 인생인가?

세상에는 일이 뜻대로 풀리지 않아 좌절하는 많은 사람이 있다. 분출구를 찾지 못해 욕하고 폭행하는 쪽으로 투사하는 모습을 본다. 가까운 가족이 먼저 표적이 되는 것이다. 영화는 그 사람의 마음에도 샘솟는 인간미가 있음을 일깨워 준다. 가정폭력은 대물림된다고 큰 소리로 지적한다. 그런 속에 이웃이 있고 사회가 있음을. 욕과 폭력을 들어 상기시킨다. 똥파리는 고개를 돌린다고 사라지는 게 아님을, 자리를 옮긴다고 안 따라오는 게 아님을.

06

성공하지 못한 것은 다 실패인가

미스 리틀 선샤인

질서가 없는 집안을 비유적으로 일컬어 '콩가루' 또는 '깍두기' 집안이라고 한다. 물을 부어도 잘 안 뭉쳐지니 콩가루요, 같은 그릇에 담겨있지만, 무 조각의 크기나 모양이 저마다 다르니 깍두기다. 우리는 살면서 이처럼 생각 밖의 삶을 보고 당황하지만, 때로는 재미있고 또 솔깃해져 바짝 다가가 관찰하는 때도 있다. 내 이웃에 장성한 아들 둘과 딸 하나를 둔 중년 부부가 산다. 어느 날 큰아들이 "고속도로에서 180km놓고 달려왔어요."라고 하자 아버지가 "나는 200km 놓고 왔어!" 라며 너스레를 떠는 것이었다. 둘째 아들은 차 문을 닫을 때 항상 돌려차기나 밀어차기 등 발차기를 사용한다. 절간 같던 그 집에 활기가 넘치는 때는 대부분 자정 녘이다. 초인종이 산발적으로 울리다가 우르르 몰려다니는 발소리가 그치고 나면 어김없이 뽕짝 노래가 흘러나온다. 안주인까지 가세하여 박자 맞추는 소리가 구성진데 딸의 목소리를 들어본 적은 아직 없다.

:: 가정에서 리더십의 핵심은 무엇인가

'구성주의' 에 의하면 '인간은 내재한 경험을 바탕으로 자신의 지식을 구성해 나가며, 경험하는 실재의 세계가 있지만, 그 세계는 별도로 존재하는 것이 아니라 자신이 부여하는 의미에 의해서 성립된 것으로 본다.' 라고 했다.

〈미스 리틀 선샤인〉은 미국의 콩가루 집안 이야기다. 이들의 기이한 삶의 행태는 철저한 아집, 즉 '자신이 부여하는 의미' 에 깊이 빠져있다.

등장하는 일가족은 여섯 명이다. 헤로인을 복용하다 양로원에서 쫓겨난 할아버지는 열다섯 살 먹은 손자에게 많은 여자를 경험하고 인생을 즐기며 살아가라고 교육한다. 아홉 단계 성공이론을 가지고 대박을 터트리겠다는 아버지 '리처드' (그렉 키니어 분)를 동조하는 사람은 별로 없다. 엄마 '쉐릴' (토니 콜렛 분)은 남편의 비현실성을 경멸하며 이주째 닭날개 튀김을 저녁으로 내놓고 있다. 비행기 조종사가 되기 전까지는 묵언 수행을 하겠다는 아들 '드웨인' (폴 다노 분)은 알고 보니 색맹이다. 프루스트의 석학을 꿈꾸던 삼촌은 애인을 경쟁자에게 뺏기고 학술적 권위마저 상실하여 자살을 시도하다 실패했다. 미인대회 우승이 최고의 꿈인 막내딸 '올리브' (아비게일 브래스린 분)는 몸이 뚱뚱해서 아무리 봐도 입상 감은 아니다.

어느 날 미인대회 지역예선에서 차점을 받았던 올리브에게 대리출전

기회가 주어진다. 환호하던 쉐릴은 온 가족을 꼬드겨 버스에 태운다. 목적지는 LA. 700km가 넘는 대장정이다. 사용하게 될 차량은 클러치가 고장 나 밀어야만 시동이 걸리는 노란색 봉고차다. 정신없이 차를 밀고 한 명씩 올라타는 모습은 마치 구겨진 이들의 자화상 같고, 힘겹게 굴러가는 버스 바퀴는 들녘에서 고단한 일을 마치고 귀가하는 달구지의 모습을 연상케 한다.

모텔에서 하룻밤 묵는 사이, 할아버지는 올리브에게 섹시 댄스를 가르치고는 아침에 일어나지 못한다. 헤로인을 너무 많이 들이마신 탓이나. 총체적 난국 앞에서 이들은 대책을 마련하다가 그동안 쌓아두었던 불편한 마음을 모두 토로한다. 꿈, 미움, 불신, 오해 등. 결국, 잠든 할아버지를 봉고차 뒷자리에 모시고 미인대회 출전을 강행하게 된다. 의기투합하고 패기만만한 일행이 당당하게 행사장에 도착한다. 그런데 어찌 된 영문인가? 미인대회가 조잡하고, 무엇인가 각본에 의해 움직이는 것 같은 분위기이다. 떨떨하게 무대에 오르는 '올리브!' 뚱뚱이 소녀는 느닷없이 할아버지로부터 전수받은 섹시 댄스를 춘다. 야유하는 관중, 불안해하던 일행은 모두 올리브 옆으로 뛰어올라 막춤을 추어버린다. 일사불란한 몸부림, 그동안 막혔던 체증을 일거에 쓸어버리려는 듯 광란의 춤판을 벌인다.

:: 가정은 몸과 마음의 구겨진 자리를 펴는 곳

괜찮아, 다 괜찮아! 다시 시작하면 돼. 가정은 그런 용기를 주는 곳이어야 한다. 가족은 마음 둘 곳 없어 의기소침해 하는 구성원에게 희망이어야 한다. 성공을 좇느라 곤죽이 되어버린 현대인, 힘이 소진되어 버렸다. 집은 그런 그들이 충전하는 곳이어야 한다.

현대를 영웅이나 천재가 따로 없는 시대라고 한다. 그러기에 사람은 자신의 쓰임새를 조금이라도 더 인정받기 위해 안간힘을 쓰는지도 모른다. 이웃집 가장의 리더십에 새삼 공감이 간다. 하루를 마감하는 시간, 온 가족이 둘러앉아 노래를 부르는 것은 그날의 구김을 펴는 일종의 의식이리라. 소음이 어쩌고 하는 푸념일랑 아예 말아야겠다.

07

눈높이를 맞추는 대화

블라인드 사이드

Blind Side

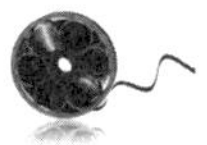

"공명共鳴이 있어야 해요. 사람의 울림은 서로 통하거든요.
그런데 많은 사람이 자신의 울림만 보는 것 같아요. 요컨대 남의 허물이 크게
느껴지면 그것은 바로 내 것이라 생각하면 틀림없습니다."
요즈음 《앞쪽 형 인간》이란 책으로 주목을 받고 있는 서울삼성병원
'나덕렬' 박사는 인간의 앞쪽 뇌에 해당하는 전두엽에 대하여
강의하던 중 그렇게 말했다.
이어 소리굽쇠 실험을 보는데 찡한 진동이 온몸에 밀려들었다.
나의 렌즈로 나만을 비추는 삶이여. 나만의 울림이여.
남의 불행을 자신의 것보다 더 큰 울림으로 여기는 사람은 대체 어떤
사람일까? 때 맞춰 방송된 〈울지 마 톤즈〉란
영화의 주인공 '이태석' 신부 선종 1주기 추도 영상을 보면서
내 안의 에너지를 어디로 보내야 할지 고민했다.

:: 미국의 부유한 백인 가정이 슬럼가 부랑아와 공명하다

영화를 보기 전 〈블라인드 사이드〉에 대하여 알아봤더니 미식축구에서 '레프트 테클' 에 대한 별칭이라고 되어 있었다. 레프트 태클은 쿼터백(최전선 양쪽 끝 선수)의 사각지대를 보완해주는 선수라고 하는데, 영화에서 보니 주로 공격수를 보호하는 포지션 같았다. 이 이야기는 실화라는 점에서 더 깊은 울림이 있다.

몸무게가 155kg이나 되는 18세 흑인 소년 마이클 오어(퀸튼아론 분)는 아버지가 살해당하고 엄마마저 마약중독에 빠져 양육권이 강제 분리된 아이이다. 형제가 열 명이 있지만 누가 어디서 뭘 하는지 모른다. 인성검사에서 보호본능이 98%로 나온 것을 보면 천성이 착한 아이임을 알 수 있다. 거리를 떠돌던 이 아이에게 어느 날 뜻밖의 행운이 찾아온다. 패밀리 레스토랑을 운영하는 부자 '리안 투오이' (샌드라블록 분) 가정에 입양되는 것이다. 입양 첫날, 방으로 안내하는 리안에게 마이클은

"못 가져 봤어요."

라고 말한다.

"방을?"

"아니요, 침대요."

아버지, 어머니, 동갑내기 콜린스, 초등학생 SJ, 방 그리고 침대를 하루아침에 갖게 된 마이클은 한 가족의 일원으로 또 학교에서는 미식축

구 선수로 빠르게 적응해 간다. 그의 뒤에는 가족 모두의 헌신적인 사랑, 그리고 엄마 리안의 인간에 대한 수용과 믿음이 숨어있으니 우리는 그 부분을 눈여겨봐야 한다. 리안은 아이들을 대할 때 지시적 언어가 아닌 요청의 언어를 쓴다. 말썽꾸러기 SJ에게,

"컴퓨터 사용시간 종료 2분 전!"

하고 예고를 한다. 운전 중 조수석에서 발을 길게 뻗은 아이에게,

"그 발 내려줄래?"

요청하고는 즉각 따르면,

"고맙다."

라며 칭찬한다. 리안 부부는 아이들과 대화할 때면 장소를 불문하고 눈높이를 맞춘다. 거실에서도, 운동장에서도 맨바닥에 앉아 서로의 눈높이를 조절한다. 심각한 이야기를 나눌 때면 더 가까이 다가앉는다. 막내 SJ가 경기장에서 마이클과 미식축구에 관한 이야기를 나눌 때 스텐드를 여러 계단 올라가 같은 눈높이에서 의견을 나누는 것을 보면 웃음이 절로 난다. 또 강요나 훈계가 아닌 동등한 인격체로서 대화한다. 리안은 마이클에게 부모에 관해서, 키운 사람에 대해서, 그리고 방황에 대해서 묻는다. 입을 열지 않는 그에게,

"좋아, 그러면 내가 너에 대해 알아둘 것 딱 하나만 말해 주렴."

그러자 마이클은,

"빅 마이크란 별명 싫어요."

라고 말한다. 이후 마이클은 더는 마이크란 별명으로 불리지 않는다. 틈

만 나면 아이들 앞에 엎드려 동화책을 읽어주는 엄마, 미식축구가 있는 날이면 온 가족이 모여 함께 소리치며 뒤엉켜 동료애를 발휘한다. 어쩌면 극성스럽다고 할 수 있는 지원으로 주인공은 훗날 전미축구협회를 통틀어 최고의 연봉을 받는 레프트테클러로 성장한다.

:: 누구를 돕는다는 것은 궁극적으로 자신을 돌보는 것

현란한 불빛, 숨이 멎을 듯한 질주와 환호성, 이 모든 것이 뒤섞인 가운데 마이클의 팀이 승리하는 가슴 벅찬 경기가 한 번쯤은 치러질 줄 알았다. 감독의 의도와 거리가 먼 기대였을까? 무심한 영화는 내 마음을 아랑곳하지 않고 그냥 막을 내리고 만다. 그러나 훈훈한 감동이 오랜 시간 잔영으로 남는 것은 진솔한 인간애가 있기 때문이리라. '삶의 한 조각을 마저 채워넣을 수 있어서 행복하다.' 라는 리안의 소박한 말이 오랜 여운으로 남는다. 백인 우월주의 벽을 깨고 나온 공명, 그 울림은 컸다.

08

'잃어버린 생' 찾으러 떠난 여행

사랑한 후에 남겨진 것들

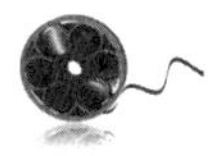

서양 명 〈체리 블로섬〉, 일본 명 〈하나미〉란 이 영화, 어찌 된 영문인지
우리나라에서 개봉될 때는 벚꽃 냄새라고는 조금도 묻지 않은
〈사랑한 후에 남겨진 것들〉이란 제목을 달았다.
"죽음을 앞에 두고 현재를 즐기는 것이 가능한 일인가?
무엇이 우리를 꽃피게 하고 우리를 시들게 하는가?"
독일 여성감독 '도리스 되리'는 이런 질문들을 영화에 담아내고자
했다는데, 궁극적으로는 사랑도 허무란 말인가? 전쟁의 허무주의에서
태동했다는 부토 춤과 반짝 피었다 지고 마는 벚꽃을 부여잡고 그림자에
집착하고 있으니 말이다.
몽환적 사유를 강요당한다는 느낌에서 조금만 더 벗어날 수 있다면,
플래시백에 깔린 기다란 죽음의 장막을 조금이라도 거둘 수 있다면…….
내 절친한 영화 친구 '광기'는 이 영화를 세 번 봤다고 했다.
끊어서 세 번, 정녕 많은 생각을 한 것이겠지. 부부 이야기,
아니 생의 끝자락에 선 남편이 말하는 아내 이야기,
피할 수 없는 그 역할 위에 나를 세워본다. 아직 준비된 게 없다.

:: 부토 춤 추는 댄서는 얼굴에 흰 분칠을 해! 내면을 표현하기 위해서지

"벚꽃 흩날리는 호수 그림을 가리키며 연방 몸을 비틀어 낙화하는 꽃잎처럼 흐느적대는 거야. 발트 해에 갔을 때는 같이 바다를 보다 말고 코발트색 청스웨터를 펼쳐 내 몸을 싸안아 주었지. 나는 항상 그런 아내의 움직임을 백안시했어."

아내를 먼저 보내고 돌아서며 내뱉는 주인공 '루디' (엘마 베퍼 분)의 자조에 찬 말이다. 이제 어디 가서 누구에게 그 하잘것없는 육신을 기댈까? 그는 지금 아내만 없는 게 아니고 아무것도 없는 사람이 되어 버렸다.

'루디' 와 '트루디' (하넬로레 엘스너 분)는 독일의 시골 '바이에른 알고이' 지방에서 평범하게 살아가는 노부부다. 평화롭던 이들 가정에 어느 날 시련이 닥치는데, 루디가 말기 암 진단을 받는 것이다. 트루디는 루디에게 이 사실을 숨기고 함께 베를린에 사는 두 자녀를 찾아간다. 자기들 일에 분주한 자식들, 부모에게 별 관심이 없다. 섭섭한 마음을 뒤로한 채 이들은 발트 해로 목적지를 바꾼다. 이별 여행을 간 셈인데, 하나님 맙소사! 그곳에서 그만 아내 트루디가 급작스레 사망하게 된다. 졸지에 홀로된 루디. 유품을 정리하면서 아내가 일본 무용 '부토'*에 심취했었다는 사실을 알게 된다. 회한으로 전율하던 루디는 순간 일본행을 단행한다. 도쿄에서 아들 '칼' 에게 몸을 의탁하며 옹색하게 하루를 때우는 루디, 넓고 화려하기 짝이 없는 도시건만 그가 발붙일 틈은 어디에도 없었다. 어느 날 벚꽃이 만발한 공원에서 부토를 추고 있는 엄마 잃은 열일곱 살 소녀 '유' (아야 이리즈키 분)를 만나게 되고, 춤을 배우며 아내가 부토를 통해 어떤 꿈을 꾸었는지 알게 된다.

"부토는 그림자 춤이래요! 전화기 두 개 있으면 그림자가 된 엄마랑 통화가 돼요."

유는 그렇게 엄마와 교신하고 있었다.

"유! 후지 산에 같이 갈래?"

아내의 스웨터를 입고 목걸이를 한 루디, 트루디의 영혼을 후지 산에 데려다 주고 싶었던 것이다. 만년설 아래 검푸른 호수는 고즈넉이 누워 있었다. 호숫가에서 하염없이 부토를 추는 루디, 이내 트루디의 환영과 만나고, 벚꽃 잎 흩날리듯 함께 춤을 추다가 그녀를 따라 먼 길을 떠난다.

:: 수십 년 살았는데, 우리 부부에게 무엇이 남았지? 애들 말고

루디는 벚꽃의 꽃말을 '덧없음의 가장 아름다운 상징' 이라고 바꿔 놓는다. 잠깐 피었다 지는 게 생인 것을, 무엇을 위해 살았는지 한탄하는 것이다. 정말로 그림자만 남는가? '칼 융' 은 그림자를 일컬어 '나의 어두운 면' (무의식 측면)이라고 했다. 깊은 곳에 가라앉아 있지만 언제나 내 것, 그렇지만 사용하려면 힘이 드는 것이라고. 그러기에 항상 밝게 가꾸고, 부부가 서로 확인해야 하는 것 아닌지?

* 부토 춤 : 일본 전통예술인 '가부키' 와 서구의 현대 무용이 합성된 춤.

09

금붕어는 강물에 가면 붕어가 되고 말아

사쿠란

벚꽃의 군무를 보면서 일본 영화를 이야기한다. 그들 삶 속에 녹아있는
정한情恨과 만난다. 하얗고 시린 마음을 본다.
올봄은 많은 사람이 쓰나미의 상처가 야속한 둔치에서 쓸쓸한 벚꽃에 그 마음을
비비게 되리라. 꽃과 마음의 동일시, 숙명의 발로인가 탐미적 동행인가.
일본 영화에 자주 등장하는 은유로 게이샤, 사무라이, 창백한 사람의 얼굴,
눈(雪), 벚꽃 등을 들 수 있다. 오랜 세월 민중과 함께 울고 웃은 이들의
공통점이라면 하얀 형상화일 것이다. 차가움과 애잔함은 그 뒤에 있고
〈사쿠란〉이란 영화가 있다. '착란錯亂' 이라는. 역설적 논증인가.
영화는 싸이키 조명과도 같이 현란함이 요동치는 세상을 무대 위에
올려놓는다. 그리고 어떻게든 공전의 늪에서 빠져 나가자고 외친다.
세상을 온통 선홍색으로 단장하고 그 안에서 금붕어를 떼지어 놀게 한다.
유녀로 등장하는 모든 여인의 의상을 모란보다 더 진한 색조로 대비시키고…….
그 속에서도 벚꽃은 맨 꼭대기에서 핀다.

꽃이 만개한 봄, '요시와라' 라는 유곽에 팔려온 여덟 살 소녀 '키요하' (츠치야 안나 분)는 관리인으로부터 충고를 듣는다.

"울면 지는 거다. 사랑해도 지는 거다. 이겨도 지는 거다."라는.

어쩔 수 없이 가야만 하는 게이샤의 길, 죽기보다 싫은 길, 어쩌면 키요하에게는 그런 충고조차 사치로 들렸는지 모른다. 탈출하다 번번이 실패하고, 거침없이 말하다 얻어터지고……. 절망의 늪에서 허우적거리는데, 오이란* '쇼히' (칸노미호 분)가 그녀를 회유懷柔한다.

"금붕어는 어항에 있을 때 가장 예쁘지. 강에 나가면 일개 붕어로 살 수밖에 없어."

아무것도 할 수 없는 사람이 되고 말 거라며 키요하의 자존심을 자극한다. 좋은 사람 만나 시집가는 쇼히는 떠나기 전에 한 가지 기술을 전수해준다.

"농간질을 잘해야 해. 그것은 상대방 입에서 내가 원하는 말이 나오도록 하는 거야."

결국, 열일곱이 된 키요하는 화려하게 오이란으로 등극한다. 그러나 그녀의 행동은 농간질과는 거리가 멀다. 언제든 유곽을 떠나겠다고 자기최면을 건다. 이를 지켜보던 관리인 '세이지' (안도 마사노부 분)는 죽은 벚나무에서 꽃이 피면 내보내 주겠다고 약속한다. 사랑해도 지옥, 사랑받아도 지옥……. 키요하는 그곳에서 세 명의 남자와 인연을 맺는다. 첫사랑 '소지로', 두 번째는 관리인 '세이지', 세 번째는 사무라이 가문의 '쿠라노스케' (사이나 깃페이 분)다. 쿠라노스케는 유곽의 문을 닫게 하고, 건물 주변을 모두 벚꽃으로 치장한 후 키요하에게 청혼한다. 유곽의 관례는 사무라이가 그렇게 청혼하면 거절할 수 없다. 그러나 그 무렵 키요하는 아버지가 누구인지 모르는 아이를 가지고 있었다. 그래도 좋다는 쿠라노스케를 어떻게 해야 할지?

:: 소리는 내는 것이 아니고 흘리는 것

벚꽃의 향연이 한창인 어느 날 아침, 뜰로 발을 옮기는 키요하의 발걸음이 심상치 않다. 세이지가 달려와서 나무를 올려다본다. 죽었다던 나무에 꽃이 핀 것이다. 두 사람의 눈이 번득인다.

"아!"

탄성이 나온다. 흩날리는 꽃잎이 담장을 넘어와 둘의 머리 위에 쌓이고 있다. 손을 맞잡은 이들은 뒤도 돌아보지 않고 달려 나간다. 노란 유채 꽃밭을 지나고 언덕 가득, 뭉게구름과 잇닿은 벚꽃 동산을 한없이 달린다. 그 뒤로 유곽 내실의 금붕어가 오버랩된다. 두 마리가 놀던 어항에서 한 마리가 뛰쳐나온다. 여덟 살 유녀가 나타나 주워담으면서 말한다.

"금붕어야! 잘못 뛰어나오면 죽어!"

사람은 어디 있을 때 가장 아름다운가? 어떤 언어를 쓸 때 가장 자기다운가? 일본인이 좋아한다는 '코이' 라는 관상어가 있다. 어항에 있을 때는 5~8센티, 수족관에서는 15~25센티, 강물에 나가면 90~120센티까지 큰다고 한다.

두 사람은 벚꽃 언덕을 넘어 그들이 마음껏 활개칠 수 있는 곳으로 헤엄쳐갔다. 키요히가 조건 좋은 사무라이 가문을 택하지 않은 것은 강물에서 코이처럼 크고 싶었기 때문이 아닐까? 그 또한 착란이라면…….

이 봄, 쓰나미가 지나간 자리에 핀 벚꽃을 본다. 꽃 속에서 일본의 감성이 일렁인다. 하얀 착란이다.

* 오이란 : 상위上位의 유녀遊女.

10

가족의 일치된 몸부림

세상에서 가장 아름다운 이별

"어머니! 잘 드셔야 해요."

카네이션이 유난히 커 보이는 어머니의 가슴에 대고

나는 변명처럼 속삭였다.

일 년에 두세 번, 그것도 세상이 만든 계획표에 따라

어머니를 찾던 터였다. 그 넓던 품이 굽은 허리에 눌려 비집을 틈조차

없으시다.

어찌할꼬. 공연한 심사는 어버이날에 대한 원망으로 돌변했다.

'이런 날을 만들어가지고 이.' 이보게, 전에는 어버이날 뒤에다

방점 하나 찍고 할 일 다 했다고 안도하지 않았던가.

내 목소리가 들리자 어머니의 퀭한 눈가에 웃음꽃이 핀다.

황망히 업어 드렸다. 침 넘어가는 소리가 유난히 크게 들렸다.

:: 우리 가족을 영화로 찍는다면 엄마는 언제나 조연

우리는 가족을 세상에서 가장 안전한 울타리로 여긴다. 물리적 충돌이 가장 적은 관계, 또 필요한 것을 가장 쉽게 얻을 수 있는 곳이기에 그러지 않을까? 그래서 누구나 집에 들어오면 모든 경계를 풀고 몸을 부려버린다. 모두가 대장이 되려 드는 곳. 한편으로 '방 안 퉁수'가 활개치는 세상이기도 하다. 그러나 그 질서에는 구성원 모두가 제자리를 잘 지켜야 한다는 엄연한 묵계가 있다.

2011년 가정의 달에 막을 올린 〈세상에서 가장 아름다운 이별〉이란 영화로 장안이 울음바다가 되었다. 주변에 흔히 있는 이야기인데……? 엄마에게 잘 못하는 사람이 많구나 싶었다.

'아버지'(김갑수 분)는 의료사고로 자기 병원 말아먹고 다른 병원에서 일하는 무능한 의사다. 고생하는 엄마에게 위로의 말 한 마디 없고, 오직 술과 잠에만 취해 산다. 한때는 남대문시장에서 이름을 날리던 여장부였으나 지금은 치매에 걸려 어린애가 되어버린 '할머니'(김지영 분) 때문에 집안이 조용할 새가 없다. 할머니 시중드는 일은 세상에서 가장 힘든 일이다. 홍시 먹다가 엄마 앞자락에 던져버리기 일쑤고, 머리채 잡고 흔드는 일을 밥 먹듯 하신다. 밥상을 걷어차 버리고, 어쩌다 외출하려는 엄마를 기어코 따라나서려 든다. 기억은 없어도 사람의 따뜻한 손길은 귀신같이 알아보시는 할머니, 그런 할머니를 엄마는 지극 정성으로 모신다.

백화점에 근무하는 '딸' (박하선 분)은 유부남과 열애 중이어서 얼굴 한 번 마주하기 어렵다. 삼수생 '아들' (류덕환 분)은 대학진학보다 여자친구와 노는 데 더 힘을 쏟는다. 시도 때도 없이 찾아와 손 벌리는 사고뭉치 '외삼촌' (유준상 분), 그나마 누르고 살아주는 '올케' (서영희 분)가 고마울 뿐이다. 이 모든 상황을 온몸으로 받아들이며 살아가는 '엄마' (배종옥 분)에게 딱 한 가지 위안이 있다면 남양주에 짓고 있는 그림 같은 집에서 즐겁게 살 날을 기다리는 일이다.

버스 타고 일보러 다니는 의사 사모님, 어느 날 소변 보기 불편하다고 남편에게 말하니 동네 약국에서 약 하나 사 먹으란다. 어렵게 시간 내어 검사를 받는다. 그런데 이게 무슨 일인가. 자궁암 말기란다. 종양이 온몸에 퍼져서 수술조차 힘들다는 것이다. 그때야 정신이 번쩍 드는 가족, 아빠를 중심으로 똘똘 뭉친다. 만사를 제쳐놓고 엄마를 돌보는 아버지, 유부남과의 관계를 청산하고 집으로 돌아오는 딸, 아들은 용케도 대학에 붙는다. 할머니 얼굴에 이불을 덮어씌우고 목을 조르는 엄마. 틀림없이 애물단지가 되어버릴 할머니에 대한 염려고, 두고 갈 가족에 대한 우려에서 나온 행동이다. 이를 지켜보는 가족은 눈물바다를 이루지만 엄연한 현실 앞에서 차츰 냉정함을 되찾는다. 이별여행, 그 목적지는 남양주에 지어놓은 보금자리다. 그곳으로 가면서 가족은 눈사람처럼 단단해진다. 그리고 모두 가지런히 둘러앉아 엄마와의 이별을 준비한다.

:: 가족 구성원은 서로의 자리를 인정해 주면 된다. 항상 전처럼

영화를 만든 민규동 감독은 '엄마의 고행에 초점을 맞췄다.' 라고 했다. '영화를 통해 엄마의 적절한 초상을 얻으면 된다. 엄마는 꽃이다.' 라면서.

영화를 보고 〈나 없는 내 인생〉의 '앤' 을 떠올렸다. 똑같이 자궁암으로 생을 마감하게 되지만 스페인식 슬픔의 신파는 죽음을 맞이하면서 리스트를 만드는데, 우리의 엄마는 가족관계의 회복을 내세운다. 자기 자리에서 최선을 다하는 가족, 그것은 엄마가 가장 소중하고 값지게 여기는 가치라는 메시지에 감동이 배가 된다. 한 영화를 통해 입체적으로 조명되는 두 분의 어머니상, 눈물의 아이콘은 둘이다. 그래서 더 슬프다. 영화 보면서 기왕 울 거라면 속이 후련해질 때까지 엉엉 울어버리자. 단, 너무 울면 다음 날까지 머리가 아프다는 사실은 염두에 둬야 할 것이다.

나도 어머니가 치매에 걸리지 않도록 정성껏 돌봐드려야겠다. 아마 이 시간 이후 일정표를 보고 어머니에게 달려가는 일은 없을 것 같다.

11

엄마는 영원한 샌드백인가?

애자

통성기도 하는 예배당처럼
영화관도 큰 소리로 펑펑 울 수 있는 곳이면 좋겠다.
왜 영화 보면서 큰 소리로 웃는 것은 되고, 큰 소리로 우는 것은
안 되는지 모르겠다. 눈물, 콧물 범벅이 된 채 숨을 죽이다 보면
뜨악해져 고개도 돌리지 못하는 경우가 있다.
영화 〈애자〉를 보다가 내가 그랬다. 엄마 '영희' (김영애 분)에 대한
동일시가 너무 커서 감정을 주체할 수 없었기 때문이다.
극장 문을 나서는데 가슴으로 싸한 바람이 파고들었다.
'눈물은 내 가슴을 씻어주고 인생의 비밀과 감추어진 것들을
이해하게 한다.' 라던 '칼릴 지브란' 의 시구가 떠올랐다.
무슨 심사가 이런지 원. '한국 영상응용연구소' 가 2009년도
치료영화 1위로 선정한 이 영화를 보자. 꿈속에서도 그리는
엄마의 새로운 모습을 발견하게 될 것이다.

:: 엄마 어디야? 와 그러는데?

소설가 지망생인 '애자'(최강희 분), 고교 시절 부산에서 날리던 글솜씨 하나 믿고 상경했는데 모든 일이 뜻대로 안 풀린다. 글은 받아주는 데가 없고, 애인 하나 있는 건 바람둥이고, 생활비 마련은 막막하다.

오래전 운전미숙으로 사고를 내서 남편을 잃고 아들까지 절름발이로 만들어버린 수의사 영희, 트라우마(외상 후 스트레스)를 안고 살아가는 그녀의 희망은 오직 자식(아들 민석, 딸 애자)뿐이다. 그런데 모녀는 만나기만 하면 싸운다.

"나한테 뭐 해준 게 있다꼬 이래라저래라 고. 고만 해라이."

실컷 내지르고 방을 나가는 딸을 향해 엄마는,

"김치 가져가 이년아!"

라며 고함을 친다. 오빠 결혼식장을 난장판으로 만들어놓고 날라 버린 말썽쟁이에게 비보가 날아든다. 엄마의 암이 재발되었다는 것이다. 엄마 친구인 대학병원 주치의는 수술도 곤란하다며 진통제를 넘겨준다.

"엄마! 괜찮아?"

애끓는 마음을 담아 이렇게 질문하는 것밖에는 아무것도 해줄 게 없다.

"팔다리 다 떼 가도 좋으니 미치도록 살고 싶다."

라는 엄마의 말에 가슴이 미어진다. 아빠 위패를 모신 사찰에 다녀오는 길, 버스 맨 뒷좌석에 앉아 나누는 대화가 너무도 정겹다.

"니 양 서방 좋아하나?"

"일없다."

"니 얼굴이 와 그러노?"

"지도 그러면서!"

여행삼아 돌아가자던 길, 한옥 펜션에서 엄마는 먼 길을 떠나고야 만다. 엄마 짐을 정리하던 중 노트북에서 발견한 '깐따비야꼬스뿌라테.'라는 말을 보면서 애자는 다시 한 번 목이 멘다.

그녀의 첫 번째 소설이면서 이 영화의 주제곡 제목인 알 수 없는 말, 애자하고 엄마만 아는 은어다.

:: 울음의 아이콘 엄마, 클릭을 위한 묵계는 뭘까?

딸과 엄마를 연결하는 끈의 길이는 얼마나 될까? 애자 역을 한 최강희는 영화 밖 인터뷰에서 엄마 하면 떠오르는 단어가 기다림이라고 했다.

"니 남편 만나고, 니 애 낳고 살다 보면 언젠가 엄마는 잊고 그렇게 잘 살게 될 거야."

영화 속 엄마는 이렇게 홀로서기를 주문했는데 말이다. 정신과 전문의 이무석 박사는 인간 내면 깊은 곳에 존재하는 의존적인 아이를 끌어낸다. 성장 과정이 만족스러운 아이는 안정된 자아와 주체성을 갖는 데 반해 그렇지 못한 아이는 성인이 되어서도 의존적이라는 것이다. 끈의 길이가 사람마다 다르다는 말로 들린다. 아상(我相) 속에 혼재하는 엄마 상, 그 실체는 무엇일까? 달콤한 젖, 안식처, 평화, 조건 없는 소통……? 무엇이라도 좋다. 그러나 그 세계는 자신의 약한 모습을 투영하는 곳이 아님을 명심하라고 영화는 강조한다. 현대판 모녀 상을 한국적 감성으로 조명하기 위해 400쌍을 인터뷰했다는 정기훈 감독, 그의 시도는 적중했다. 많은 사람이 눈물 반, 콧물 반으로 새롭게 엄마를 만났으니 말이다.

다시 한 번 엄마를 불러본다. 엄마! 아무리 불러도 그리운 이름이다. 울면서 부르면 바로 달려와 와락 안아줄 것 같은 이름이다. 언제고 내 감정 따라 부르는 이름이다.

Chapter 3

사랑

산자
나무

01

당신을 만나 처음 웃기 시작했습니다

그대를 사랑합니다

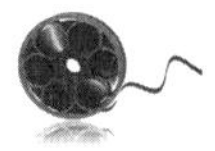

피부에 마른버짐이 번져서 까슬까슬해지는 것처럼
나이가 들면 사람의 감정도 그렇게 서서히 메말라 가는 줄 알았다.
탑골 공원 주변 어르신 이야기를 들을 때마다 노인네들
주책없다는 생각도 했다. 늙으면 그저 매사가
무기력해지는 줄 알았다. 사랑 또한 그런 맥락에 있을 것으로
막연하게 생각했다. 그러면서도 자신은 시도 때도 없이
사랑할 수 있는 당연한 존재로 생각하며 살고 있다.
나도 늙어간다는 사실은 의식하지 못한 채 말이다.
이 무슨 건방인가. 2011년 초부터 절찬리에 상영 중인
〈그대를 사랑 합니다〉라는 영화가 있다.
인생 황혼기에도 정말 사랑이 있다는 사실을 증명해주는
고결하고 아름다운 영화다.

:: 사랑은 받는 사람에게 '다가가고자 하는 경향' 일 것이라는

나는 이 영화의 주제를 '눈꽃 사랑 벚꽃 사랑' 이라고 명명했다. 영화에 등장하는 은유를 빌어 그렇게 미화했다.

성격이 괄괄하기로 소문난 '김만석 할아버지' (이순재 분)가 함박눈 내리는 이른 아침 낡은 오토바이를 타고 언덕배기를 올라간다. 우유를 배달하는 길이다. 그 앞으로 폐 골판지를 줍는 '송이뿐' (윤소정 분) 할머니가 내려온다. 만석은 미끄러운 길 조심하라며 리어커를 잡아주고 슬그머니 우유를 하나 넣어준다. 이뿐이 얼굴이 꽃처럼 붉어진다. 소담스런 눈밭에서 옥수수수염 같은 사랑이 시작되는 순간이다. 둘은 급속도로 가까워지고 만석은 이뿐이에게 적극적으로 다가선다. 이름도 주민등록도 없는 그녀를 입적해주고, 생활보호대상자가 되게 해준다. 까막눈이란 사실을 알고 난 뒤에는 사연을 그림으로 그려서 창문으로 던져 넣고……. 오토바이 위에서 즐겁게 휘파람을 부는 모습은 평소 괄괄하기로 소문난 그의 모습과 거리가 멀다. 이뿐이 생일. 만석은 브로치를 사 들고 가서 케이크에 불을 붙인다. 그리고 어렵게 입을 연다.

"그대를 사랑합니다." 라고.

어느 날 주차장 사무실에서 친구인 '장군봉' (송재호 분)과 나란히 앉아 있는 이뿐이를 보고 펄쩍 뛰는 만석, 결투라도 할 태세로 달려드는데, 군봉은 "네 편지 읽게 해주려고 한글 가르치고 있었다." 라고 말한

다.

치매에 걸린 할멈 '조순이' (김수미 분)를 돌보기 위하여 집 가까운 곳에서 주차 관리원으로 일하는 군봉에게 큰 걱정거리가 생겼다. 할멈이 위암 말기라는 진단을 받은 것이다. 자식들은 말로만 자주 찾아뵙겠다고 하고 얼씬도 하지 않는다. 주차장에서 일하는 동안 할멈이 밖에 나와 길을 잃을까 봐 출근할 때마다 밖에서 대문을 철저히 잠그던 그가 한순간 깜빡했다. 우려했던 대로 순이가 집을 나와 길을 잃고 만다. 군봉의 애타는 모습이 눈물겹다. 순이는 우연히 놀이터 앞을 지나던 만석에게 발견되어 집으로 돌아온다. 오토바이 뒤에 타고 오는 길, 벚꽃 잎이 나풀거리며 그녀의 몸을 감싼다.

만복과 장군 커플은 순이를 위하여 바닷가로 여행을 간다. 마지막이 될 여행길에서 만난 바다 빛깔은 어쩌면 그리도 검은지. 시커멓게 타버린 사람의 마음이 이럴까?

여행에서 돌아온 군봉은 자식들을 모두 불러놓고 엄마를 보게 한다. 괴롭다는 말 한 마디 않고 돌려보낸 후 안에서 문을 잠근다. 먼 길 떠나는 약을 나눠 먹고 방의 불을 끈다. 군봉은 늘어진 순이 손을 잡고 편안하게 영면에 든다.

한편 만석은 이쁜이와 함께할 행복한 앞날 설계에 부풀어 있는데……. 이쁜이는 벅찬 감동을 식히지 않고 마음속 깊이 간직하겠다며 고향인 강원도로 떠난다. 오토바이를 타고 이쁜이를 찾아가는 만석의 얼굴에 만감이 교차한다.

:: 그러니까 평소에 한껏 사랑하면서 살아

함박눈 내리는 언덕길에서 하나의 사랑이 시작되고, 꽃잎 흩날리는 벚나무 아래서 치매에 시달리는 또 하나의 사랑이 저문다. 오토바이를 타는 만석과 리어커를 끄는 이뿐이는 시작의 이미지이고, 닫힌 공간의 주차관리인 군봉과 안방의 순이는 소멸의 이미지다.

순이가 살던 방에는 벽에 그림이 그려져 있다. 화단, 꽃, 별…….이는 다른 세계에 대한 판타지다. 그곳은 군봉과 같이할 하늘나라일 수 있고, 어렸을 때부터 꿈꾸던 이상세계일 수도 있다. 다가오는 사랑, 진행 중인 사랑, 지나간 사랑……. 사람은 누구나 항상 사랑에 빠져 산다.

내 사랑은 어디에 있는가. 정녕 아름다운가?

02

건강한 개인이 남을 돕는다

벨라Bella

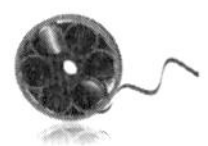

로터리마다 크리스마스트리가 군불처럼 타고 있다.
산타의 빨간 마음이 흰 추위를 녹이는 시간, 잠시 일손을 놓고
새로 나온 우체국 연하장을 들춰 본다. 토끼 두 마리가 튀어나올 듯
포즈를 취하고 있다. 포동포동하면서도 날렵한 모습이
참 시크(chic)해 보인다. 나는 과연 한 해를 이렇게 시크하게
보낸 걸까? 여러 얼굴이 떠오른다. 어렸을 적 교회에서 받아먹던
떡 생각도 나고. 이래저래 생각이 많은 크리스마스다.
올 성탄절에는 어떻게 사랑을 나누지? 아! 〈벨라(Bella)〉라는
영화로 불을 지피는 게 좋겠다. 사랑보다 더한 사랑 이야기!
DVD를 몇 개 구입해서 선물하고, 이야기도 나눠야겠다는 생각을 한다.
'할머니께서는 늘 말씀하셨지. 주님을 기쁘게 해드리려거든
네 계획을 말씀드리라고.' 지시와도 같은 이 영화의 머리 자막을
들여다보면서 나의 크리스마스 계획을 위해 기도한다.

:: 가족 개개인의 건강성을 점검하시나요?

영화 보는 내내 '꼴통' 이라는 전라도 말이 머릿속을 떠나지 않았다. '말썽꾸러기' 를 일컫는 말. 밖에서 듣고 집에 들어와 또 들으면 열이 확 오르는 말. 그럼에도 불구하고 우리는 별 생각 없이 꼴통을 만들어내고 또 같이 산다.

'호세' (에두아도베라스테구이 분)는 몸값 수백만 불의 축구선수다. 어느 날 한 프로구단과 입단 계약하러 가는 길에 교통사고를 내어 다섯 살 여자아이를 하늘나라로 보낸다. 절규하던 호세는 그냥 뺑소니를 치자는 매니저의 손을 뿌리치고 차에서 내린다. 그리고 감옥에 간다. 그곳에서 한 일은 오직 하나, 수염을 기르는 일이었다. 수염 속에 자신의 얼굴을 감추고 살아야 하는 시간, 시간들……. 그 수염은 영욕의 상징인 듯했다. 아니 분출시키지 못하는 감정을 자제하려는 반동형성인지도 모르겠다.

출소 후에는 형이 운영하는 식당 주방장으로 일하게 된다. 단절된 공간, 눌러쓴 모자가 답답함을 더한다. 그곳에서 만난 '니나' (타미 브랜차드 분)라는 여자가 어느 날 해고를 당한다. 지각이 잦다는 것이 이유였다. 사랑하지 않는 사람의 아이를 갖고 전전긍긍하던 그녀였다. 눈물을 흘리며 식당 문을 나서는 니나를 물끄러미 바라보던 호세는 주방 가운을 걸친 그대로 따라 나선다. 같이 식사하고, 다른 일자리를 알아보고,

산책을 한다. 급기야는 아무런 예고도 없이 자신의 고향 집으로 데리고 간다. 모든 것의 시발이자 도착점인 집, 이곳을 떠난 게 언제였던가? 아버지는 정원에서 나무와 꽃을 손질하고 계셨다. 외출에서 돌아오신 어머니는 여러 상황을 낱낱이 지적하며 단호히 꾸짖는다. 그리고는 수염 속에 숨어 사는 가련한 꼴통을 위해 실컷 울 수 있도록 품을 내어준다. 만찬 자리, 여자친구를 데리고 와서 호들갑을 떠는 막내아들 손을 통해 데킬라가 돌고 사람이 돈다. 어느새 식탁은 경쾌한 살사와 메렝게 스텝이 쏟아지는 무도회장으로 변한다. 식사가 축제다. 호세랑 니나는 아버지께서 만들어 놓은 네모난 빨간 등과 하얀 등을 하나씩 들고 바닷가로 나간다. 모래사상에 내려놓은 등 속에서 불꽃이 상처의 통증처럼 튄다. 그곳에서 그들은 극한 상황에서 시달리는 아픔이 서로의 공감대였음을 확인하게 된다. 그리고 헤어진다. 그 넓은 펜실베니아 역 광장에 싸한 외로움이 깔린다.

오 년이 흘렀다. 니나는 다섯 살 딸아이를 데리고 나타난다. 그 아이 이름이 '벨라(Bella)' 다. 호세가 사고낸 자동차가 떠오른다. 목마를 태워주는 호세에게 아이는 '아빠' 라고 부른다. 머리 위로 나비 한 마리가 날아다닌다.

:: 가족 구성원의 경계와 분화는 어디까지?

같이 있을 때 서로의 잘잘못을 평가하지 않고, 훈계하지 않으며, 따뜻한 일상을 열어주는 사람이 있는 곳. 그래서 마음놓고 울 수 있는 곳, 과하게 덮어주지 않고 있는 그대로 바라봐 주는 곳, 동지적 연대가 있는 곳, 그런 곳이 아닐까. 가족의 품은?

로마 교황청에서 손뼉 친 영화다. 2009년에 우리나라에서 개봉되고 잠시 '벨라 베이비' 붐이 일었다고 한다. 애틋한 미혼모의 상처를 그 누가 알 수 있으랴.

또 소중하게 일구어 놓은 것들에 대한 상실, 그에 따른 절망, 그것이 정녕 호세만의 일일까? 영화는 커다란 상처를 입은 사람 둘이 그 아픔을 온전히 감당하며 자기 자리를 찾아가는 이야기를 마치 소화제 한 알 먹듯 편하게 그린다. 온 누리를 밝히는 저 트리처럼 우리 모두 훈훈한 크리스마스를 맞았으면 좋겠다.

03

박하사탕 같은 사랑

산사나무 아래

2010년 부산국제영화제가 〈산사나무 아래〉라는 중국 영화를 개막작으로 상영하고 난 뒤 인터넷이 뜨겁게 달아올랐다.

풋풋하고, 소박하고, 아름다운 사랑을 보았다며 열렬히 지지한다는 글이 꼬리를 물고 올라왔다.

"진부한 사랑이야기 한 편 가지고 왜들 이래?"

반문하는 사람들조차도 여주인공 '징치우'(주동우 분)의 순진무구함 앞에서는 말꼬리를 흐리고 있었다.

영화의 커다란 매력 중 하나로 '잊었던 기억을 찾아준다.' 라는 점을 든다.

특히 심장이 멎을 것 같던 첫사랑의 기억, 도무지 재연될 것 같지 않은 행복한 기억……. 영화를 통해 이런 기억을 떠올리는 순간 사람들은 화들짝 놀라 벌떡 일어나게 되는 것이다.

"내게 이런 일이 있었던가?"

나는 이 영화를 보면서 박계형님의 《머무르고 싶었던 순간들》이란 소설을 끼고 다니던 시절과 만났다. 비에 흠뻑 젖은 나의 소녀는 아카시아 껌 하나를 건네주며 말했었다.

"지상에서 영원으로!"

:: 사랑은 어떤 양분을 먹고 사는가?

삶은 KTX처럼 바쁘고, 통근 길 지하철처럼 숨 가쁜 것. 영화 〈박하사탕〉은 쉴 새 없이 달리는 기차를 자꾸 보여주며 생은 회귀할 수 없다는 점을 강조한다. 숨 막히는 역주力走에 한 시절의 전부였던 순수는 어느 역에서 내려버린 낯선 승객인 양 잊혀간다. 처음 기차를 탄 역으로 돌아가고 싶은 게 사람의 본심 아닌지?

이 영화는 중국의 문화 혁명기를 시대적 배경으로 하고 있다. 6, 70년대 모택동에 의해 주도된 극좌적 사회주의운동. 청소년으로 조직된 홍위병까지 모택동의 충복을 만들었다고 하니 그 위세를 짐작하고도 남음이 있다.

징치우는 아버지가 정치적인 이유로 투옥되자 어머니 그리고 동생들과 같이 봉투 만드는 일을 하며 근근이 살아간다.

화면은 산사나무가 있는 한 농촌을 비춘다. 같은 시대 우리나라 농촌처럼 고즈넉하고 평화로운 풍경이다. 홍위병으로 보이는 학생들이 마을로 몰려온다. 그 중에 징치우가 있다. 농촌활동 잘 마치고 학교를 졸업하면 교사가 되어 집안을 이끌 수 있기에 모든 일에 앞장선다. 그런 중에 묵고 있는 집에서 셋째라고 불리는 청년 '라오산'(두효 분)을 만난다. 그는 지질 탐사대 일원으로 그곳에 와 있었던 것. 몇 차례 밭길을 걸었던 게 인연이 되어 둘은 급속도로 가까워진다. 징치우가 일을 마치고 떠나자 라오산은 그녀를 따라가 학교 주변을 서성이며 지켜본다. 교사 수습기간 중에도 라오산은 징치우의 궂은일을 도맡아 해준다. 어느 날 징치우 엄마에게 들키게 되고, 스물다섯 살까지는 절대로 안 된다는 엄명에 복종하겠다고 다짐한다. 발길을 끊는 라오산, 이제는 징치우의 그리움이 견딜 수 없을 만큼 커진다. 수소문 끝에 라오산이 백혈병으로 병원에 입원해 있다는 사실을 알게 된다. 3일간 휴가를 내고 병원으로 달려가는 징치우. 둘은 방 한 칸 빌려 같이 밤을 보내게 되는데, 손만, 정말로 손만 잡고 잠을 잔다. 다음 날 아침, 강물 양쪽으로 갈라서서 눈물로 이별해야 하는 처지가 서럽기만 하다.

얼마 후 라오산의 임종을 지켜보라며 차량이 달려오고, 둘은 영원한 이별 앞에서 마주하게 된다. 의식이 없는 라오산, 슬프게 우는 소녀의 목소리가 들리는지 흰자위만 보이는 눈에서 눈물이 주르륵 흘러내린다.

:: 사랑의 회귀

산사나무는 영화의 제목이자 로즈버드*다. 영화는 처음부터 줄곧 나무와 풋사랑을 연계시킨다. 연인이 나무의 붉은 열매가 그려진 대야를 사랑의 증표로 삼는 것은 사랑이 익었다는 증거다. 잘 익은 이들 사랑은 어디로 갈까?

결국, 산사나무 아래로 돌아온다. 라오산의 유골이 먼저 오고 징치우가 달려온다.

어쩌면 감독도 사랑의 회귀를 염두에 두지 않았을까?

그곳은 〈박하사탕〉의 영호가 그토록 돌아가고 싶어하던 자리다. 완전한 사랑을 꿈꾸는 사람의 마음을 영화에서 본다. 사랑, 어디가 시작이고 어디가 끝인가.

* 로즈버드 : 영화 전체가 처음부터 끝까지 물고 늘어지는 하나의 모티프.

04

생은 어느 한 공간이 아니다

설국Snow Country

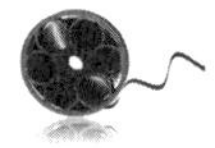

일본 작가 '가와바다 야스나리' 에게 노벨문학상을 안겨준
소설 《설국》은 1965년에 영화화 되었다. 어느새 고전 목록에 올라
있어 아득하게 느껴지지만, 눈이 오면 정감이 오롯이 되살아나기에
나는 특별한 애정으로 이 영화를 대하곤 한다.
DVD 외장에 그려진 여인의 애수 띤 얼굴이 언제 봐도 애달프다.
한쪽 어깨만 여인에게 내밀고 있는 사내의 뒷모습은 더 쓸쓸해
보인다. 여인이 곧 심하게 어깨를 들썩거릴 것만 같다.
증기기관차의 헐떡이는 숨소리가 지금 막 멎었다.
'에치코 유자와 역' 에 내린 사람 몇몇이 눈밭을 헤치고
종종걸음을 치며 사라진다. 언덕 너머 진회색 목조건물에 하나 둘
불이 켜진다. 계란 냄새 나는 도랑물이 졸졸 소리를 내기 시작한다.
또 눈보라가 몰아칠 것 같다. 갈등이라고는 조금도 찾아볼 수 없을 것
같은 이상적 공간이 이렇게 정갈한 차림으로 내게 다가온다.
하릴없는 육신을 부리고 싶다는 충동이 솟구친다.

:: 사랑은 꼭 무엇을 남겨야만 하는가?

'국경의 긴 터널을 빠져나오자 눈의 고장이었다. 밤의 밑바닥이 하얘졌다. 신호소에 기차가 멈춰섰다.' 유명한 이 소설의 첫 문장이 주인공 '시마무라' (키무라 이사오 분)가 열차를 타고 눈의 고장으로 가는 사이 Off Shot*으로 깔린다.

동경에 거주하는 무용연구가 시마무라는 설국의 다다미방에서 글을 쓰며 자기만의 세계에 빠질 생각으로 눈의 고장으로 간다. 투숙한 온천장에서 무용을 공부한다는 '고마코' (이와시타 시마 분)라는 게이샤를 만난다. 순결 형인 그녀는 어릴 때 춤 선생을 따라 이곳에 왔다. 둘은 맥주를 마시고 손장난을 친다. 취한 몸을 이끌고 자주 시마무라의 방을 찾는 고마코, 그들은 어느새 사랑하는 사이가 되어버렸다.

한편, 시마무라의 마음속에는 열차에서 만난 또 하나의 여인 '요오코' (카가 마리코 분)가 있다. 그녀는 그때 병든 애인을 간호하느라 정신이 없었다. 그는 요오코와 눈을 딱 한 번 마주쳤다. '찌를듯이 타오르는 눈' 이었다. 어느 날 고마코의 자취방에서 요오코를 만나는 시마무라, 알고 보니 그녀는 고마코 스승의 아들인 환자 유끼오를 돌보고 있었다. 거기서 시마무라는 벌써 여러 개의 사랑이 얽혀있음을 감지한다. 자신은 고마코를 사랑하면서 요오코에게 마음을 뺏기고 있고, 환자인 유끼오는 요오코의 간호를 받으면서도 고마코에게 마음을 두고 있다. 그러나 두 여인이 사랑하는 방향은 표출되지 않는다. 고마코가 간간이 시마무라에게 투정을 부릴 뿐. 추적추적한 건초 더미에 불을 붙이듯 그들의 하루하루는 그렇게 지나간다.

시마무라는 이곳을 세 번에 걸쳐 방문한다. 조금도 변하지 않는 생활이 반복됨에도 그 속에서 그는 연방 담배연기를 뿜어댄다. 어느 날 한 집에서 불이 나고 요오코가 노약자들을 구출하다가 그만 산화한다. 폭포에서 거센 물줄기가 쏟아진다. 세찬 바람이 분다. 그리고 전과 같은 하루가 다시 시작된다.

:: 삶에는 비현실적인 꿈도 있다

이렇게 에너지가 내면으로 흐르는 영화를 보고 나면 답답해진다. 이상세계를 그리는 인간의 나약함을 어떻게 봐야 할지? 제1차 세계대전과 대공황의 여파 속에서 《잃어버린 지평선》이란 소설, 거기서 '샹글리라' 가 나왔듯 중일전쟁의 와중에서 〈설국〉이 나온 게 아닌가? 하는 생각을 해봤다.

영화는 고마코에게 틈만 나면 거울을 보여준다. 게이샤인 그녀의 아름다움을 비춰주기 위함이다. 그러나 소설의 원문 한 구절처럼 '인물은 투명한 허무로, 풍경은 땅거미의 어슴푸레한 흐름으로' 상징의 세계를 그려내고 싶은 욕구 때문이었을까? 영화는 거울을 통해 사랑에 대한 암시 또한 사람의 여운을 비추고자 하는 시도를 반복한다. 어쩌면 그것은 아름다운 형상, 신기루처럼 허공에서 명멸하는 인간의 민감성을 조명하고자 했음인지도 모른다.

소설 《빙점》에 나오는 범죄자의 딸 '요오꼬' 가 오르던 언덕길이 생각난다. 그녀는 눈길을 반듯하게 올랐다고 생각했지만 뒤돌아보니 발자국은 형편없이 흐트러져 있었다.

까마득한 설원을 달려본 적 있는가? 눈은 사람을 어린 시절의 꿈속으로 데리고 간다. 그곳에서 사람이 걸어가는 발길에 자취가 남는다는 사실을 일깨워준다. 이상세계는 사람의 마음에 있다. 그곳으로 가기 위해 사람은 떠돌이가 된다. 삶에서 행복은 어느 한 장면이다.

* Off Shot : 이야기를 하고 있는 사람은 화면에 넣지 않고 그 이야기를 듣는 사람을 잡는 것.

05

우연을 붙잡아 행운으로 바꾼다

세렌디피티serendipity

20여 년 전, 주식에 처음 눈을 떴을 때다. 날만 새면 증권사 전광판에 '사쿠라 꽃이 활짝 피는 것(증시 활황의 비유적 표현)' 이었다. 어느새 내가 산 종목 평가금액은 투자액의 세 배를 넘어 네 배에 육박하고 있었다. 꿈인지 생시인지 분간이 안 됐다. 타계하신 아버지 생각도 나고, 뭐 세상 별것 아니라는 생각도 들었다. 그것은 정말 우연히 다가온 커다란 행운이자 사건이었다. 오래지 않아 고선高蟬이란 말을 실감하게 되지만, 한 가지만 놓고 보면 횡재가 주는 가슴 벅찬 기쁨이 어떤 것인지를 생생하게 알게 된 소중한 기회였다.

수필 동인 합평회 때 '우연' 이 주제가 된 적이 있다. 이 예화를 들었더니 한 문우가 우연은 없고, 필연이 있을 뿐이라며 자기주장을 굽히지 않았다. 급기야는 고명한 스님에게 질문하게 되었는데, 결론은 인연이라고 했다. 우연 · 필연 · 인연은 어떻게 다른가? 과연 그것은 삶에서 어떤 의미가 있는가? 무엇이 진짜인가?

:: 이름도 없고, 주소도 없다. 운명이 있을 뿐

세렌디피티(serendipity)! 사전은 '뜻밖의 기쁨' 으로 풀이하는데, '미야 나가 히로시' 라는 일본인 교수는 《세렌디피티의 법칙》이란 책에서 '우연을 잡아 행운으로 바꾸는 힘' 으로 정의하고 있다. 주식, 사업, 사랑, 자아실현, 어쩌면 태어나고 죽는 것까지도 이 힘의 논리가 적용될 수 있지 않을까? 생각할수록 궁금해지는 힘인데, 영화가 이를 주제로 다뤘다. 2001년에 나온 미국 영화 〈세렌디피티〉는 사랑의 비대칭성을 우연이라는 이름으로 풀었다. 어느 크리스마스이브, 뉴욕의 한 백화점은 사랑하는 사람을 위한 선물을 준비하느라 활기에 차 있다. '조나단' (존 쿠삭 분)과 '사라' (케이트 베켄세일분)는 각자 자신의 애인에게 줄 선물을 고르다가 마지막 남은 장갑 한 켤레를 동시에 잡으면서 서로에게 매료된다. '프로즌 초콜릿' 처럼 달콤한 한때를 맞은 그들. 첫눈에 사랑을 감지한 조나단은 다음에 만날 수 있도록 전화번호를 교환하자고 제안하지만, 평소 사랑에 어떤 규칙이 있다고 믿는 사라는 주저하며 운명에 미래를 맡기자고 말한다. 책에 자신의 이름과 연락처를 적어 헌책방에 판 후 찾으라 하고, 조나단의 연락처가 적힌 지폐로 솜사탕을 사 먹고는 그 돈이 다시 자신에게 돌아오면 연락하겠다고 말하는 등 생뚱맞은 제안을 한다. 끝내는 각자 고층 엘리베이터의 다른 칸에 탄 후 같은 층을 눌러 한 장소에서 만나게 되면 사랑으로 인정하겠다고 했는데, 조나단의 엘리베이터에 한 꼬마가 타서 버튼으로 장난을 치는 바람에 그들의 만남은 무산되고 만다. 이후 조나단과 사라는 각자의 위치에서 열심히 살아가지만, 운명적 사랑과 현실 속 결혼 사이에서 갈등하게 된다. 어느 날 두 사람은 뉴욕을 향해 달려가고, 그곳 센트럴파크의 한 스케이트장에서 운명처럼 다시 만난다. 눈 내리는 맨해튼에 재즈는 흐르고, 그들은 행운을 확인하며 기막힌 재회의 기쁨을 만끽한다.

:: 우연은 깨닫는 것, 행운은 준비한 자의 결과물

사람에게는 미션(임무)이 있다. 살면서 '죽으나 사나 반드시 해야 할 일' 을 가리키는 말이다. 영화는 헌책과 지폐에다 미션을 달아놓는다. 조나단은 죽으나 사나 돈을 좇고, 헌책방을 전전해야 하는 것이다.

〈세렌디피티의 법칙〉은 말한다. 시력을 강화하라고, 같은 곳에 머물지 말고, 잡는 힘도 기르라고. 이 순간 스티븐 코비가 보여주는 어린이 축구단 영상이 떠오르는 것은 왜일까. 어린이 축구경기로 실험을 했는데, 한 팀 11명 중 4명만이 어디로 공을 차야 하는지 알고 있더라는 이야기 말이다. 내 앞에 우연은 많다. 그러나 그것을 잡아 행운으로 만들기 위해서는 처절하게 미션을 수행해야만 한다. 나의 주식 예화는 적절치 않았다. 세렌디피티가 없었던 것이다.

06

사랑은 소유인가

잉글리쉬 페이션트

The English Patient

영화치료 교실에서 학습자들에게 물었다.

"사랑이 몇 개나 된다고 생각하세요?"

"여러 개요, 하하하."

"목숨을 담보할 사랑은요?"

아무 답이 없다.

"사랑은 소유를 전제로 해야 하나요?" 했더니,

"당연하죠." 라며 입을 모은다.

"소유가 뭐지요?"

"글쎄요. 뭐죠?"

얼버무리고 말았지만, 대화의 여운은 길었다.

'우리가 맛본 쾌락들이, 흘러가는 강물처럼 유영했던 육체들이,

우리가 감췄던 이 동굴 같은 공포에……' 원초적이고 서사적인 대사가

추운 날 입안의 김처럼 피어오른다. '내 사랑! 당신을 기다리고 있어요.

어둠 속에서 얼마나 있었지? 하루? 일주일?

:: 어느 날 갑자기 내가 당신을 안 찾아오면 어떻게 하지?

"당신을 안 기다리려고 애쓸 거예요."

이 답은 두 가지 측면에서 해석할 수 있다. 하나는 들이대는 것이고, 다른 하나는 달콤한 수식어를 다 써버린 사랑이 반어법을 쓰는 것이다. 사랑! '이보다 더 좋을 수는 없다.' 그러기에 그 맛을 알면 알수록 자꾸 묶어두려 드는 것 이다.

영화 〈잉글리쉬 페이션트〉는 사랑의 무대를 사막으로 옮겨 열사熱砂와 경합시킨다. 무엇이 더 뜨거운지 결판을 내겠다는 듯. 아니 형언할 수 없는 뜨거움 그 한계를 넘어보려는 듯.

세계 제 2차 대전이 막바지로 치닫고 있을 무렵, '국제지리학회' 회원 몇 사람이 광활한 '사하라사막'을 탐사하고 있다. 그들은 사막을 조사해서 지도를 만드는 일을 한다. 그 중에 헝가리 귀족 출신 '알마시'(랄프파인즈분)가 있다. 어느 날 그곳에 경비행기를 광적으로 좋아하는 영국인 부부 '제프리'(콜린퍼스 분)와 '캐서린'(크리스틴 스콧 토머스 분)이 날아든다. 제프리는 영국 첩자다. 부인과 함께 사막의 정보를 빼내기 위해 안간힘을 쓴다. 알마시는 그런 제프리에 대해 아랑곳하지 않는다. 처음 만날 때부터 자신의 혼을 빼간 캐서린에게만 모든 관심을 쏟는다. 캐서린이 자기 논문을 예찬하였다는 사실에도 엄청나게 고무되어 있다. 어느 날 둘은 같은 조가 되어 동굴탐사에 나서는데, 모래폭풍을 만나 고립된다. 모래 산에 매몰되어 기절했던 그들은 초주검 상태에서 깨어나 서로의 생존을 확인하고 기뻐한다. 이내 둘은 열사보다 더 뜨거운 사랑을 나눈다. 그 후, 만날 때마다 격정을 참지 못하던 그들은 결국 제프리의 눈에 띄게 되고, 행동의 제약을 받는다. 남편의 눈치를 보며 속 태우는 캐서린, 그녀를 보는 알마시의 눈은 처연하기만 하다.

"소유, 소유가 뭔데, 그게 뭐냐고?"

라며 울부짖지만 답해주는 이 없고, 캐서린의 눈물만 굵어질 뿐이다. 어느 시대 어느 곳에서 불륜이 정당화되었던가. 캐서린이 알마시 앞에 나타나는 횟수는 점점 줄어들고, 알마시의 괴로움은 커져만 간다. 파티 장에서 만난 두 사람,

"어떻게 해요? 어떻게 해야 하냐고요?"

둘은 부둥켜안고 몸부림친다. 이를 본 제프리의 분노가 폭발한다. 비행기에 캐서린을 태우고 일하는 알마시에게 돌진한다. 비행기는 맨바닥에 곤두박질쳐 산산조각이 나고, 제프리는 현장에서 절명한다. 중상을 입은 캐서린, 꼼짝도 못하는 그녀를 동굴 속에 남겨두고 알마시는 구조요청을 하러 떠난다. 3일 동안 사막을 걷는 남자의 페이드인, 침침한 동굴 속에서 구조를 기다리는 여자의 페이드아웃은 묘한 대비를 이루며 사랑을 변주한다. 길을 헤매다 영국군에게 잡혀 첩자로 오인받아 압송되는 알마시, 촌음을 다투는 시간을 허비하고 만다. 어렵게 탈출하여 동굴로 가지만 캐서린은 싸늘한 주검이 되어 있다. 알마시를 그리는 애절한 편지를 남겨놓은 채.

:: 사랑에는 사람의 힘으로 넘을 수 없는 경계가 있다

사랑에도 경계가 있다. 사람이 만들어 놓고, 사람을 막는 금줄이 있다. 막을수록 넘고 싶은 선, 그러기에 영화 〈북회귀선〉은 아예 두 쌍의 부부 중 한 쌍('밀러' 와 '준')에다 다른 쪽 부인 '아나이스' 만을 불러들여 삼각관계를 만들어버린다. 아나이스의 남편 '휴고' 는 철저한 관망자로 남아 세 사람을 바라본다. 휴고의 사랑에 아무 이상이 없다는 설정이 야릇하기만 하다. 그렇게 해서라도 경계를 넘고 싶어하는 인간의 욕망을 가상하다고 해야 할지?

알마시와 죽은 캐서린의 슬픈 비행마저 총격을 받고 끝이 난다. 심한 화상을 입은 알마시, 연합군 야전병원에서 신음하다 캐서린을 따라 영면에 든다.

그가 말한 '소유' 라는 단어가 귓전을 맴돈다. 목숨보다 소중한 사랑을 한 사람. 사랑이 하나임을 증명한 사람, 소유 증명 없이 사랑의 진수를 보여준 사람…….

미라를 연상케 하는 화상입은 그의 얼굴이 서서히 페이드아웃 된다.

07

이루지 못한 사랑이 남긴 불세출의 걸작

진주 귀걸이를 한 소녀

금방 터질 듯 농익은 자태를 한 여인이 살며시 나타난다.

화가畵家는 빛보다 더 강렬한 눈길을 보내며 말한다.

"내 영혼을 담아 당신을 그리고 싶어!"

여인은 해맑은 눈망울을 잠깐 굴리더니 이내 고개를 떨어뜨린다.

푸릇간 총각이 여인에게 달려든다.

"살짝 웃어 봐요. 당신의 미소를 외상 장부에 그려놓겠습니다."

화가의 후원자는 여인의 몸에 손을 대려다 실패하고는

도리어 화를 낸다.

"넌 거미줄에 걸린 파리야."

세 개의 심장이 용광로처럼 부글부글 끓는다.

여인은 묵묵히 자신의 일에 열중한다.

이루지 못했기에 불후의 명작으로 승화된 사랑이 있다. 가지지 못했지만, 세상에 나눠줌으로써 더욱 고결해진 한 편의 사랑이 여기 있다.

영화 〈진주 귀걸이를 한 소녀〉는 북구의 모나리자라 불리는 명화 〈진주 귀고리 소녀〉가 모태다. 신비에 싸인 네덜란드의 화가 '요하네스 베르메르'의 삶과 작품을 '트레이시 슈발리에'가 소설로 조명했고 '피터 웨버' 감독이 메가폰을 잡았다.

빛바랜 창문을 두드리던 햇살이 어두컴컴한 부엌을 암갈색으로 바꿔 놓는다.

'그리트'(스카렛 요한슨 분)가 채소를 자르고 있다. 양파 · 자색 콜라비 · 당근 · 무 등이 고르게 잘려 접시에 차곡차곡 쌓인다. 침침한 공간의 도마질 소리는 소녀가 꿈을 재단하는 것 같은 느낌을 준다.

소녀가 집을 떠난다. 아버지가 사고를 당해 집안 형편이 어려워지자 화가 '베르메르'(콜린퍼스 분)의 집에 하녀로 들어가는 것이다. 화가는 두건을 쓰고 창문 청소하는 소녀를 보며 눈길을 거두지 못한다. 소녀 또한 화가의 작업실을 보며 탄성을 지르고 만다.

"이리와 봐!"

어느새 화가는 그리트의 그림을 그려 놓았다. 어두운 상자에 넣고 들여다보라고 한다. 자신의 모습이 눈앞에서 여러 색깔로 반짝이는 그림을 보며 그리트는 흥분한다. 혼을 빼앗겨버린 그녀는 화실에서 아주 적극적인 태도를 보인다. 화가는 색의 원재료에 대해 가르친다. '돌 · 루비 셀락 · 와인스킨 · 아마인유 · 골탄…….'

"저 구름은 무슨 색?"

"흰색, 아니 노랑, 아니 파랑, 아니 회색."

화가는 소녀가 색감이 아주 뛰어나다며 기뻐한다. 덩어리 물감재료는 어깨를 비틀어 힘을 주어 깨트리라고 주문하는 화가의 눈에서 희열을 본다.

장모와 부인, 아이 여섯을 두고 빠듯하게 생활하는 화가의 집은 외상거래가 많다. 당연히 푸줏간에서는 좋은 고기를 주려하지 않는다. 심부름하는 그리트는 좋은 고기를 구하기 위해 애를 쓴다. 그 과정에서 푸줏간 총각 '피터' 의 구애를 받는데, 웬일인지 그녀는 마다하지 않는다. 둘은 틈나는 대로 데이트를 즐긴다. 몸으로 돌진하는 피터, 물러나지 않는 그리트, 이들의 접합은 무엇을 말하는 것인지.

언제 어디서나 재력을 권력으로 쓰는 사람은 있는 법. 여기서는 '라이벤' 이 그 역이다. 베르메르의 후원자인 그는 그리트만 보면 몸으로 대시하려 든다. 뜻대로 되지 않자 그리트의 초상화를 그려내라고 주문한다.

그림은 시작되고, 화가와 그리트는 서로의 숨소리까지도 느낌으로 바꾸는 소중한 시간을 갖게 된다. 그러나 이들의 낌새가 노출되고, 가족이 술렁인다. 감시의 눈이 커진다. 그림 완성단계에서 부인의 진주 귀걸이를 그리트에게 끼우고 싶어하는 화가의 마음을 장모가 간파한다. 귀걸이는 화가의 손에 들어오고, 화가는 여인의 귀를 피어싱한다. 뚝 떨어지는 피, 얼굴 위로 길게 흐르는 여인의 눈물! 우여곡절 끝에 한 편의 그림이 완성된다. 그런데 그림의 비밀을 알게 된 부인이 크게 분노한다. 그리트가 화가의 집에서 쫓겨난다.

:: 사랑은 통찰이다

한 편의 그림에 담긴 여인의 눈빛이 애절하다. 화가의 눈은 그림에 나오지 않지만 우리는 그들 눈빛의 통로를 정확히 짚을 수 있다. 굳이 플래시백을 들먹이지 않아도 밀어까지 통찰할 수 있다. 작품의 완성도를 높이기 위해서 영화는 그리트의 본능을 푸줏간 총각 몫으로 넘겨줬을 거라는 생각을 해본다. 시대를, 캔버스를, 부인을 뛰어넘는 에로티시즘에 놀라움을 금치 못한다. 사랑이 찾아왔는데, 어떻게 맞이하지?

08

사랑에도 On이란 시작 버튼이 있어

낮술

실연당한 '혁진' (송삼동 분)을 위로하기 위해 네 명의 친구가 낮술을
마시고 있다. 술기운이 오르기 시작하자 한 친구가 말한다.
"암마 괜찮아! 세상에 여자가 걔 하나뿐이냐? 전화번호부 뒤져!
'지혜' 라는 사람 얼마든지 있어. 아무나 골라잡으라고."
이어 다른 친구 목소리가 커진다.
"싸이월드에 가면 생년월일까지 잘 정리되어 있어.
거기가 좋겠다." 라고.
맥없이 앉아있던 혁진은 그 이야기 이제 그만두라며 손사래를 친다.
때맞춰 집에 개밥 주러 가야 한다는 녀석이 있어 술판이 끝난다.
다음 날 강원도 정선과 경포대로 여행 가자는 약속을 굳게 하고서.
〈고래사냥〉과 〈바보들의 행진〉이란 영화가 떠오르는 대목이다.
젊은 날의 자화상은 예나 지금이나 대관령 넘어
동해에서 폴라로이드로 떠다니는 모양이다.

:: 바다 위에 떠다니는 낙엽 같은 여행

'마음이 답답하면 하늘을 봐! 애꿎은 술만 축내지 말고……'

노영석 감독은 이 영화를 만들기 위해 실연당한 주인공 캐릭터를 가슴에 담고 강원도 일대를 한 달여 동안 쏘다녔다고 한다. 술 엄청 마시고, 썰렁한 펜션에 쪼그려 앉아 유선방송은 모조리 보았다고, 되게 추웠다고.

천만 원 들여 이 영화를 찍었다더니 몸으로 때웠구나 싶었다.

그 낮술 마신 녀석들, 약속장소인 버스터미널에 한 명도 나오지 않았다. 전화하니 두 개의 전화기는 꺼져있고, '기상' (육상엽 분)이만 전화를 받는데, 정선에 있는 자기 형 펜션에 가 있으라며 통사정을 한다. 내키지 않는 길, 어렵게 찾아간 펜션 주인은 애석하게도 기상의 형이 아니었다.

영화는 혁진에게 세 명의 여자와 만나게 해준다. 첫 번째는 처음 간 펜션에서 담배 달라던 '여자' (김강희 분)다. 혼자 왔다기에 밤에 와인 들고 찾아 갔더니 멀쩡한 '남자' (탁성준 분)가 문을 연다. 꽃뱀! 다음 날 경포대에서 컵라면에 소주 한 잔하고 배회하던 중 다시 그들과 만난다. 회 사주고, 노래방 비용 부담하고. 막간에 여자의 입술을 한 번 더듬는다. 급기야 이들은 펜션에 같이 투숙하고 본격적으로 밤술을 마시게 되는데, 용변 보고 온 남자가 건네준 피로회복제란 것을 먹고는 아주 깊은 잠에 빠지고 만다. 다 털리고 속옷만 입은 채 꽁꽁 얼어붙은 길바닥에 내버려진 혁진, 가까스로 어느 트럭기사에게 구조되어 함께 밤을 보낸다. 그런데 이× ×는 완전 변태다. 거부한 죄로 빌렸던 바지마저 뺏기고 쪼그려 앉아 친구 기상을 기다린다. 두 번째 여자는 정선에서 시외버스를 함께 탔던 여자 '란희' (이란희 분)다. 못생긴 게 귀찮을 만큼 치근덕거린다. 경포대 가서 놀다가 자기 차로 상경하자는 제의를 거절했더니 욕을 하고 사라진다. 앞 장면, 길바닥에서 속옷만 입고 애타게 차 세울 때 나타나서 실컷 약만 올리고 가버린 악녀이다. 무슨 인연이 그런지 기상의 형 펜션에서 그녀를 또 만난다. 그 형 동생이란다. 혁진이 소변보는 앞으로 다가와 물끄러미 바라보더니 싸이즈가 어쩌고 하며 성희롱까지 한다. 꿈속에 나타나 가위눌림까지 하더니 이제는 펜션의 세 남자 낮술 마시는 자리에 끼어들어 고상하게 시를 한 편 낭송한다. 주제에 시인이라나.

세 번째 여자는 혁진이 기상과 헤어지고 간이정류소에서 버스를 기다릴 때 등장한다. 아리따운 아가씨가 홀연히 나타나 사진을 찍어 달라더니 경포대에 같이 가자고 한다. 다녀왔다며 돌아앉기는 했지만, 점점 마음이 약해지는 혁진.

"따라갈까 말까."

갈등하는 그의 등 뒤로 엔딩 크레딧이 올라간다.

:: 핸드폰 벨소리에 맞춰 춤춰 본 적 있나요?

사랑을 잃고 방황하는 혁진에게 낮술과 친구는 별 도움이 되지 않았다. 오히려 현실 도피를 부채질했을 뿐이다. 우유부단하기 짝이 없는 혁진은 정선에서 또 경포대에 가서 자기를 버린 '지혜' 를 내려놓으려 했지만 마음대로 되지 않는다. 그러기에 감독은 못생긴 시인 란희를 통해 그를 질타하기도 하고, 다독여 주기도 했던 것이다.

"일본 시 〈하이쿠〉 알아요? 거기 이런 내용이 있어요. 이 미친 세상에서 미치지 않으려다 미쳐버렸네."

지금 혁진에게 있어 여자는 바람이다. 마음에 깊은 구덩이를 남겨주고 떠나버리는 알 수 없는 바람.

"그래 기분이 어때? 낮술 마시고 여자를 보면 다를 줄 알았어……?"

〈폴라로이드 작동 법〉이란 육 분 삼십 초짜리 영화만 봤어도 혁진의 증상은 훨씬 좋았을 거라며 영화는 끝난다.

세상에 방치된 수많은 혁진이가 걱정이다. 그들이 마셔야 할 낮술도.

09

인생은 계절, 사랑은 가고 또 온다

봄날은 간다

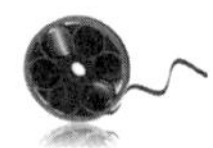

사람 가슴에 평생토록 꺼지지 않는 불씨가 하나 있으니
그것을 사랑이라고 한다.
저마다 지피는 방법이 달라 여러 가지 형태로 피어오르지만
타는 속성은 같아 핑크빛 색상으로 형상화 돼 있다.
마음의 꽃. 모두에게 공평하게 피는 꽃. 절대로 꺼지지 않는 꽃.
봉오리가 시들었다 싶을 때도 끝이라 말하지 않고 "식었다."라며
한목소리로 입 맞춰 주는 꽃.
이런 불놀이에 〈봄날은 간다〉라는 우리 영화가 끼어들었다.
영화는 사랑을 순환하는 계절로 치환하고 철 따라 계속 돈다는
사실을 증명하고 싶어한다.
가고, 다시 오고, 마치 뫼비우스의 띠처럼 원위치에 왔다 싶으면
다시 돌기를 시작하는.

:: 사랑과 시간은 어떤 관계일까

영화는 '상우'(유지태 분)의 치매 걸린 할머니가 '수색' 역에서 돌아가신 할아버지를 기다리는 장면으로 시작한다. 어제도 오늘도 단념하지 않는 할머니의 모습은 잃어버린 시간에 대한 아쉬움으로 채색되어 있다. 상우의 집. 홀로된 아버지가 있고 언제부터인지 몰라도 이혼한 고모가 붙어있다.

상우의 직업은 녹음기술자, '은수'(이영애 분)는 방송국 PD 겸 아나운서다. 한쪽은 소리를 채집하고 한쪽은 소리를 퍼트리는 직업이다. 둘은 대나무 숲에 녹음하러 갔을 때 만나 불씨를 키웠다. 쏴 하고 이파리 떠는 소리가 붐 마이크 속으로 빨려들 때 둘의 사랑은 불기둥이 된다. 날씨가 좋지 않아 사찰에서 하룻밤을 보내게 되고 새벽에 일어난 상우는 절 마당에서 풍경소리, 바람 소리를 녹음한다. 그 속으로 방에서 자는 은수의 숨소리가 들어간다.

귀갓길, 은수는,

"라면 드실래요?"

라며 상우를 집으로 데리고 간다. 상우는,

"김치 담을 줄 알아요?"

라는 질문으로 미래를 넘보지만 은수의 답은,

"몰라요."다.

술 마시면 은수가 있는 강릉까지 택시 타고 달려가는 상우, 둘의 사랑은 절대로 꺼지지 않을 듯 활활 타오른다.

어느 날 은수는 방송국 한 출연자와 눈이 맞는다. 상우에게는 한 달간 떨어져 지내자며 거리를 두고. 그런 사실을 모르는 상우는 커피 자판기 앞에 쪼그려 앉아 핸드폰 벨소리를 몇 번이나 바꾸며 은수의 전화를 기다린다.

급기야 은수의 아파트 앞에서 서성거리는 상우, 그 앞으로 시내버스에서 내린 은수가 다가온다.

"우리 헤어지자!"

멀거니 바라보던 상우가 말한다.

"어떻게 사랑이 변하니?"

집에 돌아와 마루에서 넋 놓고 앉아 있는 상우를 껴안으며 할머니가 말한다.

"여자하고 버스는 한번 지나가면 다시는 안 와!"

상우의 서러운 세월이 흐른다. 다시 봄이 오고, 벚꽃이 흐드러지게 핀다. 은수의 전화를 받는 상우. 화사한 벚꽃 아래서 마주 선다.

"우리 같이 있을까?"

은수의 말에 상우는 헤어지자며 돌아선다.

초여름이 되고 상우는 보리밭으로 간다. 헤드폰을 끼고, 붐 마이크를 높이 쳐든다. 알 수 없는 바람 소리가 빨려 들어간다. 상우가 살며시 미소 짓는다.

:: 사랑의 기억이 괴롭다면 그 기억을 지우시겠습니까?

영화는 겨울에 시작해서 봄, 여름, 가을, 겨울, 봄, 그리고 여름이 오는 길목에서 끝난다. 할머니와 아버지 그리고 고모가 보낸 계절의 숫자가 오버랩된다. 할머니는 연분홍 한복을 곱게 차려입으시고 할아버지 곁으로 가신다.

은수는 이혼의 상처가 있는 사람, 상우는 불붙일 곳을 찾아 떠도는 방랑자.

영화에서 라면은 일회성, 김치는 지속성 강한 은유다. 보리밭에 부는 바람은 내가 잡을 수 없는 대상을 흘려보내는 일종의 이별 의식이려니.

가슴속 불씨, 이를 어찌할까. 어김없이 봄날은 찾아오고, 또 갈 텐데…….

대숲에 녹음 갔을 때 앞집 할머니는,

"대밭의 소리는 바람 불고 눈보라 칠 때 좋다."

라고 말한다. 삐걱거려도 생동하는 사랑이 좋다는 말로 들린다. 쏴 하고 바람 소리가 난다. 불씨가 커진다. 어떻게 관리해야 할까.

Chapter 4

심리 치료

가을로(Trace of Love)

내 머리 속의 지우개

내 이름은 칸(Khan)

노킹 온 해븐스 도어(Knockin' On Heaven's Door)

인 어 베러 월드(In a Better World)

제8요일

청원

패치 아담스

제18요일

01

여행은 마음에 숲을 만드는 일이야

가을로 Trace Of Love

나의 가을은 항상 길모퉁이를 돌아선 곳에서 잉큼잉큼 익어갔다.
고무줄과도 같은 삶의 행보를 조절이라도 해주려는 듯 그렇게 갔다.
그해 불영사佛影寺에서 만난 가을도 그랬다. 영화 따라 길을 갔다.
동해안 7번 국도를 달리다가 망향 해수욕장 안내 표시가 끝나는
지점에서 우회전한 곳에 절이 있었다. 굽이굽이 비포장 길에 소슬한
바람이 불고, 빽빽한 굴참나무 숲에는 농익은 가을이 꿩 깃털처럼
들어와 있었다. 산 위 부처님 형상을 한 바위가 뜰 안 연못에
그림자로 비친다고 해서 이름 지어진 절, 많은 사람이
보물찾기라도 하듯 물속의 부처님을 찾고 있었다.
나는 요사채 공사현장의 뚝딱이는 소음에 깨어 허리를 폈다.
부처님이 오시지 않을 것 같았다. 영화 속 스님이 한 말씀이 떠올랐다.
"해가 서쪽으로 기우는 시간, 하늘이 시뻘겋게 물들 때 오시지!'
'민주' (김지수 분)의 말이 꼬리를 물었다.
"이 여행이 끝날 때면 마음속에 나무숲이 가득할 거예요."
사람의 가을은 그렇게 깊어가고 있었다.

:: 가을엔 마음에 흔적을 만들어 보는 거야

가을은 사라지는 것에 대한 애처로움으로 몸을 떨어야 하는 계절이다. 모두들 마음속에 형형색색의 세계가 들어와 불꽃이 된다고 하는데, 여기 낙엽 위에 시름을 떨어뜨리는 사람의 안타까운 가을이 있다. 어둠이 싫어 불을 밝혀야만 비로소 잠이 드는 이에게 가을은 어떤 의미로 다가올까?

"바다를 향해서 이 여행은 시작된다. 바다 한가운데 사막을 가진 섬 하나가 있다. 그런데 그 사막이 작아지고 있다."

민주는 신안 '오이도' 의 모래사막에 서서 그 언덕이 사라지는 것을 아쉬워한다. 그리고 포항 내연산 12폭포와 울진 불영사, 오대산 전나무 숲, 영월 동강 등으로 발길을 옮기며 그곳에 내린 가을 속으로 빠져든다. 이토록 아름다운 세상이 있을까? 그녀는 이렇게 여행을 하며 '현우'(유지태 분)와의 신혼여행을 계획한다. 탄탄한 사랑의 마음을 수첩에 또박또박 옮기면서 내일을 기다린다.

1995년, 검사가 된 현우는 아파트를 세낸 후 민주를 불러놓고 인터폰으로 청혼한다. 같이 쇼핑하기 위해 검찰청에 온 민주에게 바쁘다며 잠시 백화점 커피숍에서 기다리라고 한다. 일을 마치고 백화점 앞 건널목에 선 현우, 민주를 생각하며 들떠있는데, 그가 보는 앞에서 멀쩡하던 백화점이, '삼풍백화점' 이 붕괴되는 것 아닌가? 순식간의 일이었다. 사랑하는 사람이 그 안에 있다.

"안 돼, 안 돼."

몸부림치며 아무리 호출기(당시 삐삐)를 눌러도 민주의 전화는 오지 않았다. 사랑하는 사람을 그렇게 보내고, 설상가상으로 정치검사의 누명까지 써야 하는 그의 현실은 참담했다. 상사의 권유로 잠시 휴직을 하게 된 현우, 기막힌 현실 앞에서 절망한다. 어느 날 그에게 한 권의 수첩이 배달된다. 신혼여행 가려고 민주가 준비했던 그 수첩이다. 매몰현장에 같이 있다가 구조된 백화점 커피숍 아르바이트생 '세진' (엄지원 분)이 민주 친정아버지에게 전달했던 것이다. 오열하던 현우는 그 길로 민주가 남긴 수첩 속의 길을 따라 여행을 한다. 민주가 가꿔놓은 가을은 그의 깊은 가슴속으로 파고들었다. 하늘가에 맴도는 민주의 밝은 미소. 아, 그리운 이여!

그런데 가는 곳마다 만나게 되는 한 아가씨가 있다. 바로 세진이다. 트라우마를 안고 살아가는 가엾은 사람, 구출되지 못하고 하늘나라로 간 민주의 발자취를 따라 세 번째 여행을 하고 있는 것이다. 이들은 서로를 알게 되고, 자신의 상처에 대하여 이야기하는 사이가 된다. 담양 메타세쿼이아 잎에도 노란 가을이 내렸다. 그 길을 걷는 두 사람 앞으로 또 하나의 사랑이 다가온다.

:: 구름 위에서는 빗소리가 들리지 않아

한여름에 일어난 사회적 사건을 특정인의 가을에 서서 반추했다. 영화 제목 〈가을로〉는 '가을의 흔적', 이런 의미다. 빗소리는 여러 사물에 부딪쳐 나는 소리라며 작은 반응에 의미를 부여하였고, 세상엔 비슷한 사람이 많다는 사실을 많은 사람이 동일한 장소를 찾는 속성을 들어 비유했다. 시집가는 딸을 위해 친정아버지는 나침반을 만든다. 바늘이 서로 다른 방향에 있음을 환기시키는 것이다. 사라지는 것에 대한 집착이다. 가을의 수확 그 한편에는 소멸이 있고, 불을 켜고 자는 사람 저편에는 끄고 자는 사람이 있다. 길에는 사람이 지나간 흔적이 있고, 그 길을 또 다른 사람이 간다.

02

기억이 사라지면 영혼도 사라진다는데

내 머리 속의 지우개

"출근길 차 속에서 화장을 고치려고 핸드백을 찾으니 없는 거야.
차를 돌려 아파트로 내달렸지. 집을 다 뒤져도 안 보여.
일단 출근해서 카드정지 다 시키고 흑흑. 불안해서 견딜 수가 있어야지.
다시 아파트로 날아갔어. 훌쩍 거리며 차에서 내리는데,
글쎄 핸드백이 백미러에 대롱대롱 매달려 있는 거야."
건망증이 화제가 된 우리 아파트 통로모임에서 가장 많은
박수를 받은 이야기다. 나는 아침에 주차장에서 차 찾느라
헐레벌떡 뛰어다니던 상황을 쑥스럽게 털어놨다.
레크리에이션 하면서 가끔 팀을 나누어 구구단 빨리 답하기
게임을 한다. 엉뚱한 답이 나와 놀랄 때가 많다.
"팔 육은 사십육. 칠사는 이십구!"
서글퍼진다. 그렇지만 어찌하랴. 세월을 한탄하며 덮어 두고 사는
수밖에. 팔짱끼고, 눈은 아래로 내리깔고.

:: 용서는 마음속에 방 한 칸 만드는 것

'주먹 손날 손바닥' '가위 바위 보' 이 동작을 몇 번이고 계속해보자. 집중하지 않으면 마음과 손이 다르게 움직이는 수가 있다. 유희 같지만, 서울 삼성병원 '나덕렬' 박사는 치매 진찰 시 가장 먼저 해보는 일종의 진료동작이라고 했다.

"기억이 흐릿해지고, 화를 잘 내며, 발음 장애, 삼킴 장애, 종종걸음 등 치매는 여러 징조가 있어요. 그런데 증상이 심해지면 그때서야 병원에 와서 약을 달래요. 치매가 약 먹으면 바로 낫는 단순한 병인 줄 아는가 봐요. 관리하세요. 예방이 가능하답니다."

〈내 머리 속의 지우개〉는 사람의 기억을 사랑이라는 강력한 메타포로 담았기에 전달력이 강하다.

패밀리 마트에서 '철수' (정우성 분)가 캔 콜라를 들고 나온다. 난데없이 한 아가씨가 나타나 그 콜라를 낚아채더니 단숨에 마셔버린다. 자기가 놓고 간 콜라는 지갑과 함께 카운터에 보관 중인데……. 끔찍한 불륜에서 헤어나오지 못해 몸부림치던 '수진' (손예진 분)은 그렇게 새로운 사랑을 만난다. 포장마차에 나란히 앉은 두 사람,

"이거 마시면 우리 사귀는 거다."

그들의 사랑은 그렇게 원샷으로 시작되었다. 건축사가 꿈인 철수는 고아처럼 살아가는 사람이다. 외로움에 지쳐 반항아처럼 행동하는 그

앞에 수진은 프리지어 향과도 같이 나타났다. 행복에 취해 살던 어느 날, 수진은 철수에게 어머니가 계시다는 사실을 알게 된다. 부도를 내고 옥살이를 하는 어머니를 위해서 돈이 필요했다. 자신들의 보금자리 마련을 위해 준비한 목돈을 내놓자는 수진, 엄마를 용서하라고 말한다.

"용서는 마음속에 방 한 칸 만들면 되는 거야. 용서하지 못한 당신의 몸은 항상 밖에서 떨고 있잖아." 라며.

어느 햇살 좋은 날, 수진은 철수의 도시락을 정성껏 준비한다. 점심시간, 도시락은 동료들의 시선을 받아 부러움으로 반짝이고 있었다.

"기대하시라. 짠!"

그러나 펼쳐진 도시락 가방에서는 밥만 두 그릇이 덜렁 나왔다. 대수롭지 않게 생각했던 수진의 건망증이 급기야는 집도 못 찾아오고, 사람도 못 알아보고……. 병원은 청천벽력과 같은 진단을 내린다. '알츠하이머' 였다. 철수의 상심을 어떻게 형언할 수 있으랴. 소변도 못 가리고, 벽면 가득 '포스트 잇' 으로 도배를 하고, 눈물로 세월을 보내던 수진은 강릉의 요양소로 몰래 떠나고 만다. 잠깐 정신이 든 사이, 철수에게 편지를 쓴다. '나의 진짜 사랑은 당신입니다. 사랑해요.'

:: 머릿속에도 영양을 공급하세요

'아름다운 삶은 치매에 걸려도 아름답다.' 라고 한 의사선생님의 말을 작가가 들었는지 모르겠다. 전형적인 통속극이라고 치부하면 곤란하다. '내 머릿속에 지우개가 있대.' 얼마나 섬뜩한 말인가. 기억이 나지 않아 시험 한번 망친 것 하고는 차원이 다른 이야기다. 그러기에 수진은 고마운 사람 철수를 향해 '다가왔다.' 라고 말하지 않고, '스며들었다.' 라는 표현을 쓴다.

"당신! 두통약 대신 머리 영양제를 드세요."

사랑하는 사람에게 그렇게 말해야 한다.

"사람의 등을 많이 쓰다듬어 주세요. 그리고 머리는 꽃으로도 때리면 안 돼요. 기억해 두세요. 앞으로 뇌 사진으로 신입사원 뽑을 날이 올지도 몰라요."

03

좋은 사람이란 좋은 행동을 하는 사람

내 이름은 칸Khan

'서양에서 역사는 단순히 기원전과 기원후로 나눈다.
이제 하나를 더 추가해야 하는 엄청난 사건이 발생하였으니
그것이 9 · 11 테러다.' 선언과도 같은 이 해설을 증명이라도 하듯
전쟁은 아프간을 거쳐 이라크 쪽으로 확대되고 있었다.
미국사회의 혼란은 말로 표현할 수 없을 지경이었으며 그야말로
일촉즉발의 긴장감이 감돌고 있었다. 특히 무슬림에 대해서는 노골적인
적대감을 드러내고 있었다. 그런 연유로 아랍이나 인도계 사람은 히잡을
벗고, 수염을 자르고, 말을 줄이는 등 숨을 죽이는 수밖에 없었다.
영화는 이렇게 황폐한 세상을 향해 용감하게 나서서 손사래를 친다.
"사람을 보세요, 사람을요. 좋은 사람은 좋은 행동을 하는 사람이고,
나쁜 사람은 나쁜 행동을 하는 사람이랍니다."
그리고 다음 말을 잇는다.
"사람에게 사랑을 전하지 못하는 이유가 있다면 그가 화를 내고
있기 때문이란 사실을 알아야 합니다."라고.

:: 대통령님! 내 이름은 '칸' 이고 나는 테러리스트가 아닙니다

9 · 11테러 10주기를 앞두고 발리우드*가 의미 있는 영화를 한 편 만들었다. 〈내 이름은 칸〉이란 이 영화는 국가적, 사회적 해악 앞에서 숨죽이며 울고 있는, 잘못 없는 다수의 소리를 우리 모두가 수용해야 한다고 외친다. 속 시원하게 웅변하고 싶은데 방법이 마땅치 않았나 보다. 영화는 '아스퍼거' 장애자를 주인공으로 내세운다. 언어장애를 앞세워 직설적인 화법으로 소통을 감행하자는 취지다. 상대는 외견상으로 대통령이고, 내용상으로는 미국인과 인류다.

'칸' (사룩칸 분)은 어릴 때 아버지에게서 기계수리 기술을 배웠고, 엄마로부터 좋은 사람과 나쁜 사람을 구별하는 방법과 사랑에 대해서 배웠다. 미국에 온 후 동생 회사의 화장품 외판원으로 일한다. 감정표현이 어렵고 말이 직설적이어서 영업활동이 어려울 것 같았지만, 성실성과 솔직함을 인정받아 많은 실적을 올리게 된다. 미용실에서 아름다운 싱글 맘 '만디라' (카졸 분)를 만나 결혼도 한다. 구애방법은 보이는 대로, 있는 그대로 자신을 내보이는 것이었다. 그러나 행복한 결혼생활도 잠시, 9 · 11테러가 발생한다. 무슬림이 설 땅이 없다. 신변의 안전을 위해 잔뜩 움츠리고 외출도 삼가해야 한다. 어느 날 아들 '샘' 이 동네 아이들에 의해 살해당한다. 흥분한 만디라는 아들의 죽음이 무슬림인 '칸' 때문이라며 사랑이 끝났다고 절규한다. 그리고 '이 나라 대통령이 전 국민

앞에서 샘의 죽음은 테러와 무관하다고 밝히지 않는 한 자신의 분노는 꺼지지 않을 것' 이라고 악을 쓴다. 칸은 졸지에 길 위로 나앉게 된다. 대통령을 만나러 간다. 그런데 그 길이 순탄치 않다. 공항에서 또 길에서 체포와 감금 그리고 고문을 당한다. 그런 와중에서도 허리케인으로 고립된 마을공동체를 찾아가 사력을 다해 봉사하는 살신성인의 자세를 보인다. 그의 모습이 카메라에 포착되고 TV에 방영되면서 일약 인기인의 반열에 오른다. TV를 통해 칸의 진심을 보고 감동한 만디라가 달려와 부둥켜안고 운다. 마침내 둘은 대통령을 만나게 된다.

"대통령님! 나는 테러리스트가 아닙니다. 샘도 역시 테러리스트가 아닙니다."

대통령도 미국도 고개를 끄덕인다. 히잡을 쓰고, 수염을 기르는 무슬림이 거리로 나온다. 만디라는 감격하여 이렇게 외친다.

"아들아, 칸은 내 원망에도 불구하고 사랑으로 모든 걸 이루어냈어. 나의 분노가 우리를 갈라놓았지만 그의 사랑이 우리를 다시 함께하게 했어."

:: 진심과 연민은 사랑을 회복하는 기제

감정과 언어표현이 지극히 서툰 아스퍼거 장애인이 소통을 이뤄냈다. 반목과 질시의 벽을 허물었다. 그의 호소력은 어디에서 나왔을까? 진실한 얼굴 표정에서 나왔다고 본다. '메라비언의 법칙' 에 의하면 사람의 의사소통은 시·청각이 93%이고 언어는 불과 7%라고 했다. 또 메타 메시지는 몸짓이나 비언어적 표현에 주로 담겨있다는 사실을 우리는 잘 알고 있다. 진심과 연민이 칸의 얼굴에 반영되어 교감을 이룬 것이다. 당시 사회는 신기루라도 나타나기를 바라고 있었는지 모른다. 처음, 역사를 다시 써야 할 거라던 강한 목소리가 무색해졌다. 테러가 남긴 엄청난 후유증 앞에 칸은 찬란한 무지개로 떴다. 모두가 기적이라고 했다. 때로는 직설적인 의사표현이 가장 효과적인 소통 방법이란 사실을 영화가 일깨워준다.

* 발리우드 : 뭄바이와 할리우드의 합성어. 인도 영화산업을 통칭하는 말로 쓰인다.

04

인생은 구름 위에 앉아 바다를 이야기하는 것

노킹 온 해븐스 도어

Knockin' On Heaven's Door

처처한 바람 불어 뒤숭숭한 만추에는 무엇을 하는 것이 좋을까?
우선 나뭇잎 구르는 소리에 귀를 기울여야 하겠지.
그리고 깊은 들숨으로 흩날리는 진갈색 냄새를 마시는 거야.
사르륵 거리는 소리가 거칠어진다 싶으면
'데킬라!, 그걸 한잔하는 게 좋겠어.
안주는 레몬 몇 개와 굵은 소금 한 종지면 돼.
알아? 사랑하는 사람 손등에 레몬을 문질러 즙을 낸 다음
그 위에 소금을 살짝 뿌리는 거 말이야.
데킬라를 원샷 하고는 손등의 새콤달콤한 인생을
혀로 핥아 삼키는 거야. 몇 차례 계속하다가 알딸딸해지면
몸을 부려버리는 거지. 가을은 그렇게 먹는 거라고.

:: 당신은 어떤 리스트를 가지고 사세요?

골수암 말기인 '마틴'(틸 슈바이거 분)과 뇌종양 말기인 '루디'(잔 조셉 리퍼스 분), 이들은 우연히 한 병실에서 만난다. 정신적 충격에서 벗어나려고 줄담배를 피우고, 데킬라를 마신다. 그러다가 둘은 루디가 한번도 못 봤다는 바다를 찾아 떠난다. 병원 주차장에 있던 차를 훔쳐 타는데, 그게 조폭의 스포츠 밴츠다. 먼저 그 차량 뒷좌석에 있던 총으로 주유소를 턴다. 이는 조폭과 경찰의 추격을 동시에 부르는 빌미가 되는데, 그들과 좌충우돌하다가 자동차 트렁크에서 현금 100만 불이 든 돈가방을 발견한다. 줄행랑치면서 옷을 사고, 최고급 호텔에 머물고, 어려운 사람에게 팁을 한 다발씩 뿌리고…….

호텔방에 누워 각자의 소원을 적는데, 마틴이 10개고 루디는 8개다. 하나씩 해결하기로 한다. 마틴은 가수 '엘비스 프레슬리'가 그랬듯이 엄마에게 핑크색 캐딜락을 사드린다. 루디는 두 명의 여자를 사서 함께 잠을 자고. 그러나 꿀맛 같은 시간도 잠시. 홍등가에서 조폭과 정면으로 맞서게 되고 총을 겨누는데, 희한한 일이 벌어진다. 조폭 일행이 괜히 비실거리는 것이다. 행동대원도, 중간 보스도 이 두 사람에게 총을 제대로 쏘지 못한다. 보스는 어서 바다로 달려가라며 일장 훈계를 한다. 우여곡절 끝에 이들은 석양의 바다에 당도한다. 빛이 없다. 쏴 하는 바람과 함께 거센 파도가 밀려온다. 루디가 데킬라를 마시며 마틴에게 말을 던진다.

"내가 먼저 말할게. 두려워할 거 하나도 없어. 먼저 가 있어."

마틴이 풀썩 쓰러진다. 그가 천국의 문을 두드리는 내내 '밥 딜런' 의 〈knokin' on heaven's door〉란 곡이 일렉 기타의 강렬한 음과 함께 울려 퍼진다.

"knock knock knockin' on heaven's door……."

:: 삶의 의미는 주어지는 게 아니고 발견하는 것

'때로 석양이 붉게 물들지 않는 이유를 아세요? 지는 태양을 보고 싶어하지 않는 사람들에 대한 하나님의 배려랍니다. 세상에는 뜻밖에도 빛을 등진 사람이 많은 것 같아요. 그런데 그것은 옳은 자세가 아니랍니다. 빛을 보셔야 해요. 빛은 희망이기 때문입니다. 남은 한 조각의 생명으로 광풍처럼 세상 속으로 질주하는 이 사람들처럼 말입니다.' 영화가 전하려는 메시지는 이처럼 간곡하다.

"생이 길다고 생각하세요? 그래서 꿈을 아꼈다 이룰 생각이세요? 지금은 무엇을 하고 계시는데요?"

소원을 적어본 적 있는가? 소원이 이루어진다면 어떻게 할 셈이었는가? 소소한 게 생인 것을, 큰 것만 잡으려고 애태우는 군상이여! 죽음 앞에서는 조폭이나 경찰이 겨누는 총조차 무서운 게 아님을.

오스트리아 심리학자 '빅터 프랭클' 은 말한다. 그 처절했던 '아우슈비츠' 수용에서조차 사람들은 순간을 즐기더라고. 그것은 실존의 힘이라며 지금 이순간이 가장 소중하다고 강조한다.

〈인생은 아름다워〉라는 이탈리아 영화가 있다. 역시 무대는 같은 수용소. 그곳에 가는 줄 뻔히 알면서도 주인공 '귀도' 는 겨우 표를 예매했다고 가족에게 말한다. 이 영화 역시 절망적인 순간들을 유희적으로 소화한다. 어디가 삶이고 어디가 죽음인가?라고 반문이라도 하듯.

레몬즙에 소금을 뿌려 먹는 것은 술의 독한 기운을 완화하기 위함이라고 한다. 해보니 따갑던 목이 금방 편안해졌다. 마음 서러운 이여! 세상이 힘들다 생각되면 데킬라를 한잔하시라. 레몬과 소금은 필요한 만큼 쓰면 된다.

05

'보다 나은 세상'을 위하여

인 어 베러 월드

In a Better World

복수하는 영화를 보면서 손뼉을 쳤다. 어린 시절 중국 영화에서부터
현대판 호러 · 스릴러 · 미스터리에 이르기까지.
복수가 무슨 행위인지 잘 몰랐지만, 액션을 좇다 보면
그저 가슴이 후련해지는 맛이 있었기에, 그 맹렬함을 즐겼다.
'당연히 복수는 해야 하는 것이지!' 의기인지 열기인지
모를 기운이 극에 달한 것은 영화 〈밀양〉 때였다.
체읍하는 주인공 '신애'(전도연 분)를 보면서 가졌던 분노는 하늘을
찔렀다. 《벌레이야기》란 원작을 들추면서 벌레 같은, 아니 벌레만도
못한 사람 그 인생을 향해 악을 바락바락 쓰고 말았다.
언제부터인지 용서라는 화두에 자꾸만 마음이 쏠린다.
실체가 분명치 않음에도 그쪽에서 눈을 떼지 못하는 걸 보면 내게도
'용서의 대상이 많구나!'라는 생각을 하게 된다.
〈인어 베러 월드〉라는 영화를 보면서 용서에 대하여 다시 한 번
생각하게 되었다. 기왕 할 거라면 밀쳐두지 말자는 다짐과 함께.

:: ‘보다 나은 세상’은 누구나 꾸고 있는 꿈

‘보다 나은 세상’의 요건으로 영화는 비폭력, 사랑(인류애 · 가족애 · 우정을 망라한), 그리고 용서를 든다. 이 중에서 가장 하기 쉬운 게 용서라며.

두루마리구름이 둥실 떠있고, 젖소가 한가로이 풀을 뜯는 언덕 너머로 무성한 숲이 보인다. 숲 속 벤치에 의사인 ‘안톤’(미카엘 페르스브랑 분)이 두 아들과 앉아 정겹게 이야기하고 있다. 그는 아내와 별거 중이다.

장면이 바뀌자 긴 먼지를 일으키는 트럭을 타고 안톤이 아프리카 난민수용소에 도착한다. 회오리바람에 시달린 텐트가 곧 무너질 듯 보이지만 사람들은 아무렇지도 않은 듯 노래를 부르고 있다. 뭉게구름이 두둥실 떠있는 하늘이 이들을 감싸고 있다. 안톤 앞으로 환자가 줄지어 다가온다. 안톤은 이렇게 산다.

평화롭기만 하던 안톤에게 감당하기 어려운 시련이 닥친다.

큰아들 ‘엘리아스’(마르쿠스리카르트 분)는 학교에서 왕따를 당하고 있다. 영국에서 전학 온 급우 ‘크리스티안’(윌리엄 욘크 닐슨 분)이 엘리아스를 괴롭히는 무리의 앞잡이 ‘소프스’를 일어나지 못하도록 패준 후 둘은 뗄 수 없는 사이가 된다. 어느 날 가족이 놀이터에 나간다. 엘리아스 동생이 이웃집 아이와 그네를 놓고 옥신각신하는데, 상대 아이의 아빠가 나타나 다짜고짜 안톤의 뺨을 사정없이 갈겨버린다. 순식간에 벌어진 일이다. 괜찮다며 집으로 돌아오지만 아이들은 크게 반발한다. 왜 때렸는지 알아보자는 것이다. 따지러 간 자리에서 안톤은 전보다 더 많이 맞고 욕까지 먹는다.

"괜찮아. 저 사람은 할 줄 아는 게 그것뿐이야. 같이 하면 똑같은 사람이 돼."

엘리아스는 이해가 된 듯했으나 크리스티안은 용납하지 않는다. 엄마가 암으로 사망한 것이 아버지의 무관심 때문이라고 생각하는 그 아이는 '자신이 강해져야 남이 깔보지 않는다.' 라고 굳게 믿고 있었다. 보복을 한다. 폭약을 준비해서 그 사람의 차를 폭파해 버린다. 그 과정에서 행인을 구하려고 엘리아스가 차량에 뛰어들고, 배에 구멍이 생기는 부상을 입고 만다.

한편 난민수용소에는 임산부 한 사람이 배가 갈라진 채 실려온다. 태아의 성별을 확인하겠다며 폭도들이 장난삼아 저지른 일이다. 어느 날 그 폭도 두목이 다리에 심한 부상을 입고 입원한다. 주변에서는 치료하지 말라고 아우성이다. 환자를 돌보는 일은 의사의 의무라며 묵묵히 치료하는 안톤, 사람들이 수군댄다. 반군 두목이 퇴원하는 날, 임산부가 절명한다. 안톤은 사람의 잔혹성에 치를 떨다가 반성조차 없이 뇌까리는 반군 두목을 밀친다. 넘어지자마자 에워싸고 있던 사람 모두 달려들어 그를 사정없이 짓밟는다. 안톤은 가슴을 쥐어뜯으며 괴로워한다.

:: 사람은 서로 의존하는 즉 공空의 관계다

손찌검한 이웃집 남자의 차가 공중에서 산산조각이 날 때, 반군 두목이 선량한 군중에게 몰매를 맞을 때, 후련해지는 마음을 인지상정이라고 하는지?

달라이 라마의《용서》란 책을 다시 열어 보았다. '미움은 강인함이 아닌 나약함의 다른 모습이다.' 라는, '진정한 승리자는 적이 아닌 자기 자신의 분노와 미움을 이겨낸 사람이다.' 라는 구절이 스프링처럼 튀어 올랐다.

"우리는 모두 별의 순례자이며, 단 한 번의 즐거운 놀이를 위해 이곳에 왔다."라는 '엘리자베스 퀴블러 로스' 의 말까지 합하여…….

아프리카로 달려간 고 이태석 신부가 생각났다. 어떤 마음으로 살아야 할까. 결정은 항상 내가 한다.

06

성공의 목적이 남의 기대충족?

제8요일

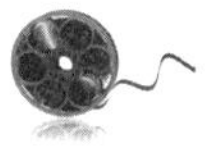

이런 요일이 있었던가? 말쟁이들 같으니라고.
아니, 그래도 기왕 말이 나왔으니 어디에든 붙여보기는 해야겠지.
일요일 뒤에 두면 어떨까. 우리나라에서는 한 주의 끝으로,
서양에서는 주일主日로 하고 있으니 그 자리가 좋을 성싶다.
연장, 일탈, 회피, 안식 등 여러 단어를 떠올리게 하는 프랑스 영화
〈제 8요일〉은 이렇게 혼란스런 모습으로 내 앞에 나타났다.
막연하긴 하지만 '가외장치' 쯤으로 해석을 해봤다.
비행기에 보조엔진을 다는 것처럼 삶도 한편에 보조 수단을
둬야 할 게 아니냐는. 그래서 유사시를 대비해야 한다는.
13월, 32일, 25시 등 사람이 집요하게 파고드는 알 수 없는 세계가
자꾸만 머릿속에 그려진다.

:: 사람들은 실패한 사람보다 성공한 사람과 거래를 원한다

인간 행동을 연구하는 여러 학습이론이 객관화를 강조해왔다. 개인은 한 체제 속에 존재하기에 상호작용하면서 어우렁더우렁 살아가야 한다는 주장이 주된 논거다. 다른 사람과 발맞춰 살라는 뜻으로 이해하면 될 듯하다. 그런데 과연 이 세상에는 객관적 현실이 존재하는가?

'아리' (다니엘 오떼유 분)는 잘 나가는 마케팅 강사다. 그의 명강의에 수많은 청중이 열광한다. 유명 기업의 간부 사원이며 높은 연봉에 대저택 등 부족할 것이 없다. 그러나 일중독인 그를 부인 '줄리' (미우-미우 분)와 아이들이 받아주지 않아 별거 중이다. 그의 하루를 보자. 일곱 시 반이면 어김없이 기상 벨소리에 깨어 딱딱한 샌드위치 하나로 아침식사를 해결하고 교통지옥 속으로 빨려든다. 조급함 때문에 습관적으로 클랙슨을 누르는 모습은 명강사의 위상과 거리가 멀다. 룸미러를 더듬는 초점 잃은 눈동자는 자신의 얼굴도 제대로 보지 못하고, 퇴근하면 반겨주는 이 없는 썰렁한 집 안에서 우두커니가 되어 지낸다. 그는 과연 무엇을 위해서 그렇게 한 치의 틈도 없는 생활을 하는 것일까? 사람들은 그의 어떤 면을 보고 출세했다고 말하는가?

어느 날 그는 무조건 며칠 쉬겠다며 휴가를 떠난다. 그러나 마땅히 갈 곳도 없다. 비 오는 밤길, 운전하고 가다가 개를 치면서 주인인 '조지' (파스칼 뒤켄 분)를 만나게 된다. 조지는 '다운증후군' 환자다. 요양원에서 엄마를 만나겠다며 탈출을 했다. 그의 엄마는 사 년 전에 돌아가셨는데……. 조지를 집에 바래다주는 과정에서 아리는 그의 순진무구함을 보게 된다. 초콜릿 알레르기가 있는 조지와의 동행에서 자신이 전혀 알지 못했던 순수함을 발견하고는 매료되어 버린다. 더욱이 조지는 실의에 빠진 아리를 해맑은 웃음으로 위로까지 해주는 것이었다. 이럴 수가.

그러나 그것도 잠시, 아리는 조지를 요양원에 바래다주고 일상으로 돌아와야만 했다. 그런데 얼마 후 조지는 또래의 환자들과 집단 탈출을 해서 커다란 행사를 앞두고 있는 아리 앞에 나타난다. 반가워 어쩔 줄 모르던 아리는 모든 것을 내팽개치고 조지 일행과 합류한다. 남의 버스를 탈취하여 바닷가로 내달리는 사람들, 목적지는 아리의 집이다. 마침 그날은 아리 딸의 생일이었다. 그들은 밤새워 폭죽을 터트리며 생일을 축하한다. 밤하늘을 수놓는 불꽃의 아름다움은 마치 하늘나라의 향연과도 같았다. 감격하는 줄리, 얼음이 녹듯 화가 풀린 아내와 아이들은 아리를 얼싸안고 기뻐한다. 이런 가족을 보고 뿌듯해하며 돌아가던 조지는 나무 밑에서 자기 엄마의 환영과 만난다. 아리 회사의 옥상에 올라 초콜릿을 먹는 조지, 발작을 일으키던 그는 엄마가 있는 하늘나라에 가겠다며 몸을 날린다.

:: 늘 남의 기대대로 살다가 지치면 어떻게 하지?

아리의 자책성 독백이 편치 않게 들리는 것은 왜일까. '내 인생이 지금보다 나아질 것 같지 않아.'

영화는 극단적인 인물을 대비시키는 데 성공했다. 일류 샐러리맨과 다운증후군 환자의 만남은 어느 면에서나 부조화였다. 그러나 아리의 내면에 숨쉴 수 있는 공간을 만들어주니 봇물이 터지듯 수용의 기적이 일어났다. 일에 찌들고 인간성마저 상실해버린 종래의 아리와는 전혀 딴판인 아리가 탄생한 것이다. 영화는 그 공간을 일컬어 '제8요일' 이라고 했다. 달력에도 없는 요일, 이제야 조금 알 것 같은 요일. '신은 제8일에 조지를 만들었는데, 보기에 참 좋았더라.' 라는 대사 속으로 사람이 한없이 빨려든다.

07

인생은 짧지만, 열심히 살면 길어져

청원

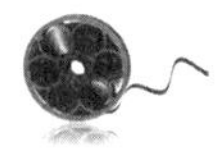

청원請願이란,

국민이 국가기관에 대하여 의견이나 희망을 개진하는 것을 말한다.

청구권적 기본권으로서 우리나라도 제헌 헌법부터

청원권을 기본적 인권으로 규정하고 있다.

그러나 청원은 자주 발생하는 게 아니어서 보통사람에게는

낯선 상식일 뿐이다.

2011년 늦은 가을, 발리우드가 세상에 이색적인 청원서를 냈다.

맛보기 힘든 향료까지 넣고 버무려 맛이 강한 영화를 통해서다.

영화는 천천히, 그러나 아주 진지하게 생을 관조하는 비법을 전해준다.

'인생은 짧아요, 그러니 원칙은 버려요.

용서는 빠르게, 키스는 천천히, 사랑은 진실하게

그리고 당신을 미소 짓게 한 것에 대해 후회하지 마세요.'

:: 안락사安樂死란 좋은 죽음을 의미한다지

웅장한 고택 로비, 검은 수염을 한 사지 마비四肢 痲痺 환자가 특수 제작된 휠체어를 타고 미끄러지듯 움직인다. 이름은 '이튼'(리틱 로샨 분), 한때 인도 최고의 마술사였던 사람이다. 그 옆을 절세미인이 따라간다. 이름은 '소피아'(아이쉬와라 라이 분), 인도 풍에 서구적인 매력이 가미된 여인, 간호사다. 이튼을 위해 12년을 봉사했다.

객석에서는 그들이 걸음을 뗄 때마다 장탄식과 함께 마른침이 넘어간다. 여기저기서 의자가 요동치기도 한다. 〈청원〉은 이렇게 온몸으로 볼 수밖에 없는 영화다.

둘은 라디오 방송을 시작한다. 이튼이 입을 연다.

"웃어요! 가슴이 아파도, 누군가는 깨어있는 채로 잠들어요."

샘물처럼 솟아오르는 그의 유머에 청취자들이 환호한다. 방송이 끝나자 잔뜩 고무된 그의 얼굴에서 근기根氣가 피어난다.

14년 전, 이튼은 공중으로 치솟는 마술을 하던 중 질시하는 친구 마술사가 몸을 연결하는 쇠줄을 자르는 바람에 거꾸로 떨어져 사지마비가 되었다. 그럼에도 그는 현실을 비관하지 않고 희망 전도사 일을 한다. 어려운 이웃을 찾아다니며 힘내라고, 웃자고 외친다. 그를 보는 많은 사람이 용기를 얻는다.

그러나 그것은 그의 전부가 아니다. 머리는 겨우 살아 울고 웃지만,

내면에는 형언할 수 없는 분노가 도사리고 있다. 혼자 있는 시간이면 세상의 모든 어려움과 외로움을 감내해야만 한다. 천장에서 물방울이 떨어지면 피할 방법이 없어 맞으며 견뎌야 하고, 등창이 커져도 파우더를 바를 수 없어 다른 손길을 기다려야 한다. 코에 앉은 파리를 쫓으려고 아무리 고개를 흔들어도 날았다 다시 붙는 것도 참아내야만 한다.

물방울이 그의 이마에 한없이 떨어지던 날, 어머니는 괴로워하는 아들을 보며 의자에 앉은 채로 눈을 감았다.

"어머니를 웃게 한 게 내 최초이자 최고의 마술이었다."

라고 항상 말해 왔는데…….

장례식 날, 그는 휠체어에 앉아 어머니의 애창곡 〈What A Wonderful World〉를 부른다. '푸른 나무 빨간 장미, 당신과 나를 위하여 이들이 활짝 핀 것을 알아요. 파란 하늘의 흰 구름을 봅니다.' 이렇게 아름다운 세상을 두고 가시다니. 어머니!

어느 날 그는 중대한 결심을 한다. 변호사인 친구를 불러 안락사 청원을 내달라고 주문하는 것이다. 주변에서 극구 말렸지만, 청원은 시작된다. 그러나 판사는 위법이라며 별 고민 없이 기각해 버린다. 집에 온 그는 라디오 방송을 통해 청취자들에게 찬반투표를 한다. 역시 대다수가 반대한다. 다시 항소가 시작된다. 이튼은 변론 대신 마술을 하겠다며 검사에게 상자에 들어가 달라고 부탁한다. 자물쇠를 채우고 얼마 지나지 않았는데, 검사가 열어달라며 몸부림을 친다. 중단하라는 재판장의 호통이 떨어진다. 이때 이튼이 말한다.

"검사는 지옥 같은 나의 14년을 단 1분간 체험한 것이다." 라고.

항소 역시 받아들여지지 않는다. 세상은 이중인격자라며 그를 손가락질한다. 이튼의 몸과 마음은 만신창이가 된다.

실의에 빠져있는 이튼에게 소피아가 이혼하고 달려온다. 둘은 결혼한다. 소피아는 어떤 벌을 받아도 나는 당신을 편하게 해주겠다고 말한다.

:: 개똥밭에 굴러도 이승이 낫다는데

법원으로 가는 이튼은 오픈카를 탄다. 감미로운 바람이 코끝을 간질이고, 푸른 하늘 반짝이는 태양, 하늘을 나는 새들, 오토바이 한 대에 올라탄 일가족 다섯 명 등 어느 것 하나 생동하지 않는 것이 없다. 아름다운 세상이여! 그럼에도 이튼은 청원을 관철시키기 위해 온갖 노력을 다한다. 항소가 기각되고 집으로 돌아가는 길, 그는 바닷물에 발을 담근다. 느끼고 듣는다. 물의 감촉을, 모래의 속삭임을. 아! 잿빛 하늘의 살가운 노래를…….

세상 모든 슬픔을 영화에 다 불러놓고 감독은 넉살을 떤다. '인생은 짧아요, 그러나 열심히 살면 길어져요.' 라고.

나의 청원은 무엇인지 생각해 본다.

08

그 참을 수 없는 존재의 훈훈함

패치 아담스

영화 시작과 동시 주인공 '헌터 아담스' (로빈 윌리암스 분)의 조곤조곤한 독백이 자막에 깔린다. 오랜 방황을 끝내고 집으로 돌아가면서 들려주는 소회다. 나는 영화를 보면서 특히 마지막 구절에 매료되어 몇 번이고 되돌려서 봤다.

"시인 단테가 말했듯이, 내가 어두운 숲에 있음을 발견하였다. 바른길을 잃어버렸기 때문에 언젠가 제 길을 찾겠지만, 전혀 생각지 못했던 곳에서 그 길을 찾았다."

정신병원에서 새로운 길을 찾았다는 것이 가당한가? 역설적인 주장에 궁금증이 더 커졌다. 확신에 찬 그의 발길은 과연 어디로 향하는가?

"폭풍은 모두 내 마음에 있다."

라고 말하는 그를 따라가 보자. 웃음치료의 신호탄이 된 영화라고 해서 테이크 하나하나에 집중했더니 좋은 생각이 여러 번 떠올랐다.

:: 환자의 삶, 그 질을 높여주는 게 의사

자살을 기도하더니, 자기 발로 정신병원에 들어가고, 그곳 환우들과 뒹굴고, 다시 제 발로 병원을 뛰쳐나오고……. 영화 〈패치 아담스〉의 주인공 헌터 아담스는 그런 사람이었다. 영화를 같이 본 친구 입에서,

"힘이 넘치는 사람이네."

라는 말이 나왔다.

"신념이라고 해!"

내 생각을 전하며 기지개를 켜는데, 아담스가 정신병원 주치의를 향해 일갈하는 통에 정신이 번쩍 들었다.

"당신은 의사로서 자격이 없어요. 상담할 때 상대방의 얼굴도 안 보잖아요? 치료를 하려거든 사람의 마음부터 보살펴야지……."

그로부터 2년 후, 아담스는 의과대학에 입학한다. 공부하는데 촌음을 아껴야 했음에도 그가 있는 곳은 항상 병실이었고, 환우 옆이었다. 소아암 환우의 고통을 덜어주기 위해 광대 세라피*를 서슴없이 해 보이고, 의료용 기구를 사용해서 흥겨운 춤을 추기도 한다. 스파게티 국수 속에서 헤엄치고 싶다는 할머니를 위해 어설프게 조립한 옥외 욕조에다 면麵을 가득 채우고 같이 뒹구는 일도 서슴지 않는다. 놀랍게도 그 할머니는 일주일간 놓았던 포크를 들고 일어선다. 그런 중에 그에게 사랑이 찾아온다. 동급생 '캐린' (모니카 포터 분)이 그를 안아주는 것이다. 단꿈

에 빠진 나날들, 둘은 무료 진료소를 열어 의료봉사에 착수한다. 그러나 그것도 잠시, 어느 날 캐린은 자신이 돌보는 정신이상 환자에게 살해당한다. 넋을 잃고 절벽 위에 서 있는 가엾은 아담스! 나비 한 마리가 맥 빠진 그의 팔 위에 사뿐히 내려앉는다. 나비는 영혼의 메타포라고 하는데……. 정신을 가다듬고 등교하는 아담스, 다시 환자 만나는 일에 열중하다가 그만 제적당하고 만다. 3학년이 되기 전에는 환자를 만나지 못하도록 한 교칙을 위반했다는 게 이유다. 불리한 상황에서도 의료위원회에 제소하고, 구제를 호소하는 모습이 너무도 당당하다.

"의사는 환자의 삶의 질을 높여주는 사람입니다."

결국, 면죄부를 받아내고 의기양양하게 학업에 정진한다. 졸업식 날 의사 면허증 받아들고 단상을 내려설 때 보여주는 맨살 엉덩이가 압권이다. 포동포동하고 앙증맞은 둔부의 유희가 장내를 후끈 달군다.

:: 새로운 길에는 사랑과 웃음이

정신병원에서 다른 환우에게 손가락 네 개를 펴 보이며,

"이게 몇 개?"

"네 개!"

"손가락에만 집중하지 말고, 펼쳐진 손가락 너머를 봐."

아담스는 환자들에게 이런 식으로 본질적인 것을 보라는 주문을 했다. '환우여! 그대도 건강하던 시절이 있었다. 그때로 돌아가 봐. 마음이 먼저 가면 돼.' 라는 듯. 눈은 있으나 머릿속이 흐트러졌으니 그곳에 가는 길이 요원하다는 게 그들의 입장이다. 설상가상으로 돌봐주는 사람조차 없는 야속한 현실 앞에서 환자는 홀로 우는 것이다. 그들에게서 아담스와 같은 존재는 바로 생명이고 빛인 것이다. 나는 가끔 서울대학교병원 환우들과 함께 치료 웃음을 나눈다. 그분들의 공통적인 특징은 설명을 싫어한다는 점이다. 손가락 너머로 마음이 넘어갈 때까지 마냥 웃기만을 원한다. '과도하리만큼 행복을 느끼는 일을 스스로 실천하라.' 라는 영화 속 주문을 조금이나마 실천하는 단계에 와있는 내가 스스로 대견하다. 어려운 이들과 함께 고통을 나누는 데 작은 힘이지만 최선을 다하고 싶다.

* 광대 세라피 : 광대복장에 딸기코를 하고 환자를 웃겨주는 치료기술, 미국에는 100 명이 넘는 전문가가 있다고 한다.

Chapter 5

성장

갈매기의 꿈

고양이를 부탁해

빅 피쉬

세 얼간이(3 idiots)

카페 뤼미에르

키드(Disney's The Kid)

태풍 태양

01

가장 높이 나는 새가 가장 멀리 본다

갈매기의 꿈

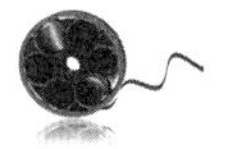

'비상飛上하고 싶다. 한없이 솟아오르고 싶다.' 그런 충동에 이끌려 한참을 허우적대다 정신을 차리고 보면 사방이 어두웠었다. 늘 보던 방안조차도 낯이 설었다. 그러나 허망한 꿈처럼, 신기루처럼 반짝하고 사라지는 상像 뒤에는 실제로 내 몸이 허공으로 치솟는 듯한 느낌과 뻐근한 감동이 있었기에 나는 그 기이한 기분을 즐겼다. '날개야 다시 돋아라. 날자 날자 날자 한 번만 더 날자꾸나.' '이상' 의 〈날개〉에 심취하던 때 내 손에는 '리처드 바크' 가 쓴 《갈매기의 꿈》이란 책도 같이 들려 있었다. 70년대 초반, 당시 고등학생이었던 나는 어디로든 튀고 싶은 욕망에 그저 솜털 보송보송한 겨드랑이를 후벼서라도 날개를 달고 싶어했다. 지금도 가끔 그때의 느낌이 되살아나 미소 짓곤 하는데, 그것은 주체할 수 없는 가슴의 고동이 분출구를 찾지 못한 데서 오는 현상이 아니었나 생각한다.

:: '갈매기는 밤엔 날 수 없어.' 그것은 고정관념이지

이 영화는 사람의 얼굴이 단 한 번도 나오지 않는다. 구름을 뚫고 힘차게 유영하는 '조나단 리빙스턴 시걸' 이란 갈매기의 상큼한 날갯짓이 있을 뿐이다.

그는 자유와 자기완성을 부르짖는다. 누가 만들어주지 않는 세계, 그러나 정말 가보고 싶은 곳. 조나단은 그곳을 천국이라고 표현한다. 저〈브레이브 하트〉에서 '웰리스' 가 부르짖는 '프리덤! , 그 절규가 도달한곳, 〈기사 윌리엄〉에서 미천한 농군 출신 '윌리엄' 이 '아르마경' 을 말 위에서 떨어뜨리는 창 끝. 그 짜릿함이 맴도는 곳. 그런 곳 말이다. 그러나 조나단은 천국이 어느 장소가 아니라고 힘주어 말한다. '시간과 공간에 구애받지 않는 완벽한 경지' 라며. 허구한 날 다른 갈매기들과 함께 쓰레기장에서 어부들이 먹다 버린 빵조각이나 뒤지고, 수면에 올라온 물고기 머리나 겨냥하는 삶 속에서 자유와 자기완성을 찾을 수 있느냐?는 반문과 함께.

그는 혼자의 힘으로 가장 높이 비상하여 자신이 사는 세상을 바라보고 싶어했다. 그러기에 엄마 아빠의 반대와 무리의 규율을 어기면서까지 비행술을 연마한다. 활공, 하강, 구름 속 유영 등. 그러나 그 길은 너무도 멀고 험난했다. 원로 대표는 조나단을 근엄하게 꾸짖다가 급기야는 추방명령을 내린다.

"너는 우리처럼 살지 않고, 우리처럼 생각하지 않았다. 그러기 때문에 우리 세계에서 영원히 추방하려는 것이다."

조나단은 그 길로 혼자가 되고 만다. 외롭고 쓸쓸한 길을 혼자 떠나게 되는 것이다. 외로울 때는 왜냐고 물어야 한다는데, 그는 물을 상대조차 없었다. 하늘, 어둠, 그리고 은빛파도뿐.

그렇게 혼자서 안간힘을 쓰다가 '모린'과 '챙'이란 고수를 만난다. 그들은 이미 조나단에 대한 모든 것을 알고 있었다. 친구로, 스승으로 개인지도를 해준다. 비전을 강의하는 명사들이 하는 말이 있다.

"꿈을 꾸고 있나요? 주저 없이 그 길을 가세요. 가다 보면 반드시 도움을 주는 사람이 나타나요."

챙도 이렇게 조나단을 격려한다.

"우리는 누구나 소외되어 있어. 극복하는 방법이 다르지. 사랑을 생각하고 있으면 사랑하는 것만 생각해. 날갯짓만 한다고 나는 게 아니야."

:: 모든 존재는 잠재능력 그리고 초월적 능력이 있다

"잠재한 능력을 스스로 불러일으키기만 하면 초월적 존재가 될 수 있어."

공부를 마치고 무리 속으로 귀환하는 조나단의 일성이다. 원로는 그를 죽이라고 명령하지만 죽일 수가 없다. 떼지어 달려들어도 그의 속도를 따라잡을 수 없기 때문이다. 결국, 그는 동료들의 합의를 이끌어내고 어린 갈매기들의 스승이 된다. 무리의 공부가 시작된다. 구름과 파도가 뒤엉킨다. '닐 다이아몬드' 의 〈Be〉와 〈Dear Father〉란 삽입곡이 영상 그리고 메시지와 결합되어 희망으로 피어오른다.

'아직 꿈을 꿀 수 있을 때 우리는 뭔가 필요하지. 다른 삶, 다른 공기, 다른 냄새……. 그런데, 그런데 말이야. 완벽한 것은 한 번으로 절대 안 돼. 그리고 높이 멀리 나는 것은 신념만으로 되지 않아!

영화를 찍은 '할 버트' 또한 인간 조나단이 아닌가 싶다. 집을 저당 잡혀 제작비를 만들고 혹한 속에서 그 많은 갈매기 떼를 불러들여 영화를 찍어냈으니 말이다. 그러나 흥행에는 처참하게 실패했다. 나는 기술을 제대로 익히지 못했기 때문일까? 아니 사람을 제대로 설득하지 못했기 때문일지도 몰라.

02

자기 주도적 삶이란

고양이를 부탁해

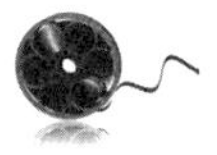

세상에는 두 종류의 사람이 있다. 떠나는 사람과 남는 사람.
현재에 안주하는 사람과 치열하게 변화를 모색하는 사람.
창문을 활짝 열고 밖을 보는 사람과 유리창 너머의 세상을 슬쩍 보는 사람.
"흐르는 물에 배를 띄우고 그 위에 누워 구름도 보고, 책도 읽고,
움직이는 세상을 보며 살고 싶어!'
라고 말하는 아이에게 한 친구가 답한다.
"야! 그럼 난 강 옆에 아주 그림 같은 전원주택을 짓고 살 테니
지나가다 들러." 라고.
어떻게 살든 하나의 소중한 인생이다. 그러나 자신이 타고난 힘의
분출 방향에 맞춰 인생을 설계한다면 얼마나 효과적일까.
스프링처럼 튀고 싶은데, 찜질방이 가업이니 생활한복 입고 도우미나
하라는 지시를 받는다면 당신은 어떻게 할 것인가.
꿈 많은 청춘, 그들의 답은 각기 달랐다.

:: 인생의 방향은 자신의 에너지와 감정으로 결정된다

박원순 서울특별시장은 한 TV 대담프로그램에서 청소년들에게 말했다. "부모님 말씀 듣지 마세요. 30년 전의 지혜가 급변하는 이 세상에서 여러분에게 도움될 게 별로 없어요."

"그럼 누구 말을 들어야 해요?"

영화 〈고양이를 부탁해〉는 이런 고민 속에서 허우적거리는 청춘 이야기다. 어디로 튀든 그 방향의 결정은 결국 자신이 한다는 점을 강조한다.

영화에는 여고 동창생 다섯 명이 등장한다.

'태희' (배두나 분)는 찜질방 집 딸이다. 유복한 가정에서 태어나 별 어려움 모르고 산다. 그런데 가장 하기 싫은 일이 찜질방에 갇혀 사는 것이다. 뇌성마비 친구를 돌봐야 하고, 친구들과도 어울려야 하고, 원양어선을 타고 멀리 떠나고 싶어하기도 한다. 그녀의 손에는 항상 먹을 것이 들려있다. 자신이 군것질을 좋아하기도 하지만 남에게 주는 것을 좋아해서다. 밖으로 튀고 싶은데 어떻게 해야 할지.

'혜주' (이요원 분)는 증권회사 직원이다. 말쑥한 유니폼에 예쁜 얼굴, 장차 캐리어 우먼을 꿈꾸는 야무진 아가씨다. 성공을 위해 밤낮없이 일하지만 하는 일이 차 또는 복사 심부름 정도다. 저부가가치인간, 팀장이 붙여준 별명이다. 남들은 야간대학도 가고 자기 계발을 위해 동분서주하지만 혜주는 회사생활을 열심히 하면 성공할 것이라고 굳게 믿는다.

"사람들은 잠시라도 허점을 보이면 무시해. 항상 긴장해야 한다고."

어느 날 후배 사원 앞에서 사적인 심부름을 시키는 팀장에 대한 불만이 폭발되는데, 뛰쳐나가 말없이 스텝 오락기를 밟아댄다. 그녀의 원성은 그렇게 속에서 푹푹거리다 사그라진다.

'지영' (옥지영 분)은 그림 그리기에 재주가 있다. 텍스타일 공부를 하고 싶어 유학을 꿈꾸지만 가정 형편상 엄두도 못 낸다. 그런 자신의 처지를 고양이에게 하소연한다. 세상에 당당하게 나서지 못하고, 친구들에게도 마음을 활짝 열지 못한다. 그러나 태희에게 돈을 빌려 휴대전화기를 바꾸는 엉뚱한 행동을 하기도 한다. 집이 무너진다. 모시고 살던 할아버지, 할머니가 돌아가시자 경찰은 귀찮은 노인들을 없애려 했다며 지영에게 혐의를 둔다. 그녀는 아무런 변명도 하지 않는다. 변호해줄 사람도 없자 소년원에 갇히게 된다.

'비류' (이은실 분)와 '온조' (이은주 분)는 쌍둥이 자매다. 자기 주관이 뚜렷하지 않고 그저 좋은 게 좋다는 주의다. 불쑥 친구들이 찾아오면 군말 없이 먹이고 재운다. 치열한 삶에는 어깨너머에 방관자도 있음을, 지친 육신이 쉬어가는 처소도 있음을. 친구 다섯이 모여 파티하다 옥상에 올랐는데 안에서 자동문이 잠겨버린다. 마당에 구덩이를 파고 들어가 신문을 둘러쓰고 추위를 피하는 장면은 차라리 숨어버리고 싶은 이들의 마음을 대변한다.

:: 어정쩡한 삶의 태도는 곤궁을 부른다

"엄마는 나 때문에 울지만 나는 나 때문에 운다. 나의 몸은 자꾸 미끄러진다. 나는 방바닥에 껌처럼 붙어있다."

태희의 뇌성마비 친구가 쓴 시 한 구절이다. 사람은 언제고 자신 때문에 우는 것 아닐까?

태희는 찜질방을 탈출할 때 가족사진에서 자기를 오려낸다. 혜주는 소년원에서 출소하고, 둘은 호주로 떠난다. 남은 친구들은 나름대로 삶의 방향을 정하겠지.

수능 끝나고, 졸업시즌을 맞고, 다시 학기가 시작되고…….

수많은 인생이 거리에서 경합한다. 에너지를 밖으로 쓰는 사람, 안으로 쓰는 사람, 그 방향이 분간이 잘 안 되는 사람…….

고양이는 안주安住의 메타포다. 결국, 비류와 온조 손에 전해지면서 영화는 끝난다.

가슴에서 용출되는 에너지를 어떻게 쓸까? 그것을 인력으로 결정하기란 쉽지 않다. 더 답답한 것은 숨 가쁜 삶을 어정쩡한 자세로 관망할 여유가 없다는 것이다.

03

사람은 자기 이야기가 있어야

빅 피쉬

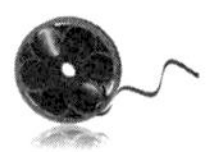

사람에게는 두 가지 세계가 있으니 하나는 현실이요
또 하나는 판타지다.
이는 눈에 보이는 세계와 안 보이는 세계로 정의할 수 있고, 몸으로
부딪치는 세계와 영혼이 날개를 펴는 세계로 나눌 수도 있다.
여기서 재미있는 것은 많은 사람이 두 세계를 분리해서 생각한다는
것이다. 현실은 지상에, 판타지는 하늘에, 이런 식으로 말이다.
더 기이한 것은 판타지를 허구로 치부하고 이용하려 들지 않는다는
것이다. 세상에는 판타지의 산물이 얼마나 많은데…….
내가 그랬다. 판타지를 망상 정도로 인식하지 않았나 싶다.
남의 것에 감동하고 오마주*하면서도 말이다. 영화와 친해지면서
생각을 바꾸게 되었고, 나는 지금 긴 터널을 빠져나온 듯한 느낌으로
세상을 누비고 있다.

:: 모든 이야기는 처음 시작한 곳에서 끝나야 한다

이 영화에는 전제가 하나 있다. '사람에게는 이야기가 있어야 하는데, 모든 이야기는 처음 시작한 곳에서 끝내라는 것.'

'에드워드 블룸' (앨버트 피니 분)은 오랜 세월을 강에서 지내며 괴물이라 불리는 큰 고기를 잡기 위해 별의별 노력을 다했다. 고기는 100달러짜리 비싼 미끼를 수도 없이 먹어 치웠다. 어느 날 금반지를 미끼로 쓰자 고기가 덥석 무는 것이었다. 바로 그날 아들 '윌 블름' (빌리 크루텁 분)이 태어났다.

에드워드의 이야기가 이어진다. 어린 시절 나는 마녀의 눈에 비친 나의 미래와 임종 순간을 봤다.

그리고 농구와 야구를 잘하는 아이, 낚시를 좋아하는 아이로 불리며 성장했다. 어느 날 마을에 거인이 나타나 자신의 거처를 마련해 달라고 떼를 쓰는데 막을 방법이 없었다. 많은 희생이 뒤따를 것 같기에 나는 거인을 꾀어 더 좋은 곳에 가서 같이 살자며 마을을 떠났다.

처음 간 곳은 공동체 마을이었다. 마을로 들어가는 길이 몹시 험했지만, 위험을 무릅쓰고 갔다. 일을 조금만 해도 호의호식할 수 있는 그런 곳이었으나 나는 금방 그곳을 빠져나왔다.

두 번째 간 곳은 서커스 하는 곳이었다. 단장은 세계를 일주하며 호강할 수 있다고 꼬드겼다. 그곳 천막 객석에서 나는 내 반쪽을 보았다. 정신없이 달려갔으나 아가씨는 많은 인파에 휩싸여 떠나버렸다. 거인은 취직하였고, 나는 그 아가씨에 관한 정보를 얻기 위해 비자발적 노역을 하게 되었다. 결국, 아가씨를 찾았는데 그녀는 약혼자가 있는 몸이었다. 집 앞에 그녀가 좋아한다는 황수선화를 심기 시작했다. 꽃이 만발한 날 그녀와 꽃밭에서 만났다. 그녀는 크게 감동했다. 약혼자가 나타났다. 나는 엄청 얻어맞았다. 폭력을 싫어하는 그녀가 파혼하고 내게로 왔다.

사랑에 빠져 지내는데, 영장이 나왔다. 집에 빨리 오고 싶어 공수부대를 지원했다. 중 · 미中 · 美 간 분쟁지역에 침투해서 기밀문서를 빼내오고 그들의 무희도 두 명 데리고 나왔다.

공동체 마을에서 만난 시인은 훗날 은행 강도가 되어 있었다. 잠깐 도움을 줬더니 큰돈을 보내왔다. 집 사고, 사업밑천해서 많은 돈을 벌었다.

나는 꿈같이 행복하게 한평생을 살았고, 이제 병이 들어 세상을 떠날 때가 되었다.

그는 간호 중이던 아들을 부른다.

"아들아! 나를 강으로 데려다 다오."

강가에는 그동안 만났던 모든 사람이 그의 임종을 지켜보기 위해 서 있었다. 아들 양팔에 축 늘어져 있던 그는 크게 몸부림을 치더니 커다란 물고기로 환생하여 강물 속으로 사라졌다.

:: 모두가 영웅이 되는 세상, 그 이야기

아들 윌은 지겹도록 들어온 아버지의 일대기를 허풍이라며 믿으려 하지 않았고, 대화조차 싫어했다. 어느 날 그는 편지 한 통을 발견한다. 아버지가 공수부대원 시절 엄마에게 보낸 연애편지였다. 깜짝 놀란 아들은 아버지의 이야기를 찾기 시작한다. 여기저기서 발견되는 이야기의 증거들…….

"내가 정말 빅 피쉬?"

"빅 피쉬가 되어 떠난 아버지는 뭐지?"

약속대로 아버지의 이야기는 처음 시작한 곳에서 끝난다. 특히 자신과 아들은 대어大魚, 아내는 둘을 연결시켜준 미끼로 형상화했으니 이 얼마나 멋진 사랑의 증표인가.

하고 싶은 것 다 하고자 하는 인간의 욕망을 한 편의 영화에서 본다. 어쩌면 사람의 꿈은 영화의 그것보다 더 크고 허황된 것인지 모른다. 판타지, 세속적인 환상…….

"가장 큰 물고기는 잡히지 않아서 강 속을 마음놓고 누빌 수 있어."

내세까지 영속하고 싶은 인간의 마음을 마녀가 대변한다.

* 오마주(Homage) : 영화 속에서 다른 영화나 영화감독, 다른 영화의 스타일을 직간접적으로 인용하거나 참조하는 것. 존경과 애정의 찬사.

04

모든 게 잘될 거야

세 얼간이3 idiots

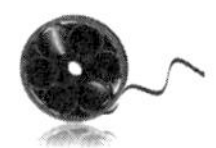

"빨리, 빨리 달려. 그렇지 않으면 짓밟혀 죽어."

하루 단 7분의 휴식시간을 쓰는 중에도 그마저 아까워 낮잠과 음악 감상,

면도까지 해결하는 총장님은 기회만 되면 이렇게 외쳐댔다.

"뻐꾸기는 자기 둥지에 알을 낳지 않아. 그런데 부화는 어떻게 하는지 아나?

다른 둥지의 알을 떨어뜨리는 거야. 경쟁은 그렇게 하는 거다."

눈이 휘둥그레진 학생 대부분은 그 말을 수용하려 들지 않았다.

'삶이 제대로 풀리지 않을 때는 입술을 둥글게 하고 휘파람을 불어 봐.

또 마음에 두려움이 가득하면 그 마음을 속여 봐.'

이런 노래를 부르며 마음을 안정시키려고 노력했다.

〈상자 속 젊음〉이란 노래가 떠올랐다.

'남다른 삶을 원하지도 않지만, 남과 같은 일은 더욱더 원하지 않아.'

라던. 기성세대가 답이 없다고 말하는 생生을 향하여 부메랑을 던지는 영화,

감독은 정녕코 부메랑이 되돌아오지 않을 거라고 했다.

:: 사랑과 전쟁에서는 모든 게 용납되는 거야

공학자들은 그간 수많은 발명품을 만들어냈는데, 왜 스트레스를 측정하는 기계는 만들지 않았을까? 인도에서 〈아바타〉를 누르고 최고의 인기를 누렸다는 영화 〈세 얼간이〉가 던지는 질문이다.

사람은 스트레스가 심해지면 세 가지 행태를 보인다고 한다. 죽기를 각오하고 싸우거나, 도망가거나, 죽은 체하거나. 세계적 명문이라는 인도 공과대학을 배경으로 한 이 영화도 주제와 관련된 은유로 스트레스를 든다. 그러기에 바람처럼 자유롭고, 연처럼 소리 없이 떠오르기를 희구하는 마음이 교정 곳곳에서 개구리울음처럼 들썩거린다.

'임페리얼 공과대학' 에 신입생 200명이 입학한다. 2,000대 1의 경쟁에서 선발된 수재들이다. 그곳에서 '파르한' (마드하반 분), '라주' (샤르만 조쉬 분), '란초' (아미르 칸 분)가 처음 만난다.

히틀러 같은 아버지의 주문에 의해 어쩔 수 없이 공학도가 된 파르한, 그의 꿈은 야생동물 사진작가다. 교사로 퇴직한 엄마가 가족의 생계를 책임지는 라주의 집은 전신마비인 아빠와 지참금이 없어 시집을 못 가는 누나가 있어 항상 우울하다. 그러기에 라주는 꼭 출세해야 한다. 엄청난 부잣집 아들에다 공부도 항상 톱인 란초는 유머도 있고 배짱도 두둑해서 선망의 대상이다. 영화는 란초를 중심으로 이야기를 풀어간다. 어려움에 부닥칠 때마다 '모든 게 잘될 거야.(All Is Well)' 를 연발하며 유쾌한 여유로 극복하는 란초. 막고 품기 식 또 취업위주의 교육에 대하여 방법이 잘못됐다고 지적하고, 자신의 재능과 관계없이 공학을 전공하는 친구들에게 자기 길을 가라며 목청을 높인다. 정형화된 교육 방식을 고수하려는 총장에게 창의력의 중요성을 강조하다가 번번이 혼쭐이 나지만 그의 둘째 딸을 애인으로 만들어내는 비범함 앞에서 사람들은 혀를 내두르고야 만다. 추풍낙엽과도 같이 낙제생이 빈출하는 살벌한 현실 속에서도 시험 전날 라주 아버지의 병간호로 밤을 새우는 눈물겨운 우정을 보여주기도 하고, 다른 학생의 리포트 작성을 도와주기도 한다.

우여곡절 끝에 학업이 끝나고 10년이란 세월이 흐른다. 파르한은 사진작가로, 라주는 일류기업의 사원으로 성공하지만 란초의 행방은 묘연하다. 그때 쉬지 않고 암기를 일삼아 차석만 했던 '피아' 가 대기업 부회장이 되어 나타난다. 자기가 란초보다 출세했다는 것. 세 사람은 피아의 정보를 가지고 란초를 찾아 나선다. 그러나 이들이 수소문해 찾아낸 란초는 부잣집 아들 대신 학교에 다닌 '초테' 라는 사람이었음이 밝혀진다. 일행은 어느 산 중턱 호숫가에 자리잡은 한 학교에 도착하고, 그곳에서 특허를 400개나 보유하고 있으면서 미래의 꿈나무들을 가르치고 있는 거물 과학자와 만난다. 이름은 '왕두' , 란초의 다른 이름이다. 피아네 회사에서 반드시 계약을 체결해야 하는 귀인이다. 그들은 뜨거운 눈물을 흘리며 재회의 기쁨을 나눈다.

:: 당신의 재능을 따라 가면 성공은 당연히 뒤따라 올 것이다

세 시간 가까운 러닝타임은 관객에게 삶과 고뇌 그리고 우정에 대한 종합보고서를 선사한다. 그리고 정말 멋있는 롤 모델(Role Model) 을 보여주며 그의 그다움을 확인시켜 준다. 나의 나다움과 비교해 보란 듯.

그리고 영화는 묻는다. 자신의 재능을 좇아 성취하고 독보적 위치에 우뚝 설 것인가. 아니면 체제에 순응하며 굴러다니다가 위기상황이 오면 죽은 척하며 살 것인가를. 선택은 당신 몫이다. 과정에서 적어도 두 가지 제언은 상기할 필요가 있다. 열심히 하라는 것. 힘들고 두려우면 자신을 속여보라는 것. 결론은 '모든 게 잘될 것이다.(All Is Well)' 라는 것이다.

05

마음을 전하고 싶은 사람이 있다

카페 뤼미에르

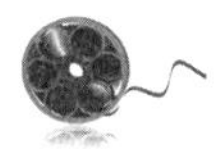

'뤼미에르(Lumiere)'는 세계 최초로 영화를 만든 사람 이름이다.
또 프랑스어로 빛, 깨달음이란 뜻도 가지고 있다.
제목이 퍽 깊다는 생각을 했다. 무엇을 이야기하려는 것일까?
갈급함으로 영화를 봤는데, 답답할 만큼 '시점 쇼트'가 많아 얼떨떨했다.
영화를 소개해준 방미나 박사를 한참 동안 돌아다봤다.
"꼭 혼자 보라고 했지요?"
말없이 고개를 끄덕이는 그녀에게서 얼른 눈을 뗐다.
"서가에 꽂혀있는 묵은 책에게, 역 앞에 세워져 있는 자전거에게, 당신은
왜냐고 묻나요? 궁색한 변명을 찾느라 오늘도 허우적거렸을 당신.
아픈 곳은 마음인데, 아스피린 한 알 먹고 이제 괜찮다고 말하는 일상이
만족이냐?"라는 얼마 전의 열변이 불현듯 떠올랐기 때문이다.
"알았어요, 한 번 더 볼게요."
정지定置된 의식으로 페이소스*를 외치는 게 가당할지 원.

:: 당신은 기쁨과 외로움이 하나가 되는 곳을 아세요?

"언제 이루어질지도 모르는 꿈, 좋은 일 같은 건 없어도 좋아. 있으면 좋겠지만."

다리 위에서 첫사랑을 빠트려버린 소녀는 세상을 향하여 이렇게 말한다. 세상은 답 대신 그 움직임과 소리를 여과 없이 그녀 앞에 들이민다.

오랜만에 찾아간 시골집에서,

"나 임신했어."

라고 말하는 '요코'(아사노마사토 분)에게 아빠와 엄마는 아무 말도 하지 않는다.

"결혼은 하지 않을 거야."라고 말하는 데도…….

영화는 주인공 요코에 대하여 설명해 주지 않는다. 프리랜서 작가인 그녀의 발걸음을 차분히 좇다가 혼자 사는 셋방을 간간이 비춰줄 뿐. 전철이 움직인다. 차 안은 하얀 정적이 감돈다. 밖으로 도시 전체가 돌아다닌다. 중고서점에는 '하지메'(타다노부 분)가 있다. 그는 다소 수다스럽다 싶은 요코의 이야기를 묵묵히 들어준다. 둘은 카페로 자리를 옮긴다. 남자는 커피를, 여자는 우유를 주문한다. 지도를 펼쳐 놓고 예전에 있었다는 '다트'란 카페를 찾는 데 열중한다.

자취방을 방문한 아빠와 엄마, 감자조림을 먹고 싶다는 요코에게 아빠는 자기 그릇의 감자를 자꾸만 옮겨준다. 그리고 큰방에서 얻어온 정

종을 쉬지 않고 마신다. 그때야 엄마는,

"얼마나 됐어? 친구는 뭐하는 사람이야? 왜 결혼을 안 하려고?"

라고 조심스럽게 묻는다.

"친구 집은 대만에서 우산공장을 하는데, 친구가 자기 엄마와 너무 친해. 그게 싫어."

하지메는 전철을 타고 소리를 녹음하러 다닌다. 녹음기 속으로 세상 돌아가는 소리가 들어간다. 언덕바지에서 전철 네 편이 동시에 교차한다. 막 터널을 빠져나온 한 량짜리 전철도 있다. 강물이 흐르고 다리가 보인다. 소녀의 강이다. 하지메는 그곳의 소리도 녹음한다. 녹음된 소리는 틀림없이 요코의 것이 될 것이다.

다시 카페다. 남자는 두건, 여자는 각진 모자를 썼다. 둘은 손끝으로 지도를 짚는다. 세상의 움직임과 소리가 한 지점에서 만난다. 요코의 외로움도 하지메의 이야기도 그 자리를 맴돈다.

:: 담담한 마음으로 찾아갈 수 있는 곳

'결국 사람은 자기 그림자 밟기를 계속한다는 거지. 뭐 자신의 행동 반경은 거창한 것처럼 떠들던 사람도 외로워지고 나면 허둥대더라는 거

지. 담담淡淡하게 사는 일이 어디 그리 쉬운가? 불 끄는 방법도 모르면서.'

카페는 내 머릿속에서 언제나 이국적이고 낭만적인, 그리고 행복감이 감도는 공간이었다. 그곳에는 각성제가 있었다. 나는 거기서 줄곧 커피를 마셨다.

"카페에 가면 꼭 사람을 만나라."

마음을 전할 사람을 말이다. 영화는 그렇게 귀띔해준다. 자극, 단절감, 숨 막힘……. 그런 일상까지 우리는 소소하다고 말한다. 충격으로 잔뜩 오그라든 몸까지 뭉뚱그려 그렇게 말한다. 영화를 보라. 세상에는 감자조림 같은 일상도 있다. 부드럽다고 의미도 작은가? 영화가 어느새 내 뒤에 와서 어깨를 짚는다. 뻐덕뻐덕한 목을 잡는다. 오랫동안 뒤를 돌아봤던 목이다.

'결실도 보지 못하는 땀이 이제 겨우 서향 꽃을 피운다.' 영화는 해설 또한 이렇게 은유가 깊다. 한 아가씨의 고곤한 삶 속에 비친 세상, 일상은 정말 소소한 것 아니냐며 반문한다. 고개를 젓는다면 그 이유는 눈과 귀를 통해서 인지된 사람의 지각 때문일 거라며…….

내 안의 불덩이를 어떻게 끌까?

* 페이소스 : 고통을 뜻하는 그리스어에서 유래된 용어로서, 극 중의 연기자에게 동정과 연민의 감정을 불러일으키게 하는 극적인 표현방식.

06

당신 안에 자라지 못한 아이가 있어요

키드

Disney's The Kid

모임에서 한 친구가 푸념을 늘어놓았다.

"앞만 보고 달려왔어. 있는 힘을 다해 뛰었단 말이야.

그런데 어느 순간 가만히 생각해보니 내가 한심하다는 생각이 들더라고."

친구들이 한 마디씩 했다.

"새삼스럽게 왜 그래. 세상 다 그런 것 아냐? 술이나 마시자고!"

어깨 무거운 오십대, 술자리에서 나는 아무 말도 하지 않았다.

저 친구의 심정을 내뱉듯 던지는 말 한 마디로 달랠 수 있을까?

중요한 이야기인데……. 먹고살기 어렵다고, 세상 돌아가는 속도에

나를 맞출 수밖에 없노라고 입을 맞추면 친구로서 할 일 다한 것인가?

영화 〈키드〉를 꺼내 들었다. 주인공 '러스 듀리츠' (블루스윌리스 분)가

보름달이 오렌지색으로 보이는 이유가 궁금하다며 비서에게 그 이유를

알아보라고 지시한다. 그것은 '달이 떠오를 때 빛이 공기 속도보다 빨라서

하늘 높이 달이 떴을 때 붉은빛만 남고 모든 색조가 흩어지기

때문이랍니다.' 워크 홀릭인 이 친구, 살면서 달덩이를 한번도 제대로

보지 못했다. 마음에 그런 공간이 없었다.

:: 어린 시절에 어떤 꿈을 꾸셨나요?

마흔 살 '러스'는 사회적으로 인정받는 성공한 이미지 컨설턴트다. 부족할 것 없는 그의 생활은 거침이 없다. 그런데 그에게는 자기만 모르는 문제가 있다. 독선적이고 항상 냉소적이다. 조급증으로 몸을 떨기 일쑤고 거치적거리는 것을 참지 못한다. 모처럼 회사를 찾은 아버지의 면회를 사절하고, 비행기에서 만난 방송국 앵커 지망생 미녀의 이야기를 쉬고 싶다며 막아버린다. 서점에서 잡지 한 권을 사고 계산하려는데, 앞에서 뚱보 아줌마가 지갑을 못 찾고 시간을 끌자,

"이 아줌마 책값 얼마요?"

대신 계산하고는 앞서 나온다. 집에 흔한 개 한 마리 기르지 않아 냉혈한으로 통한다.

어느 날 그의 집에 '러스티'(스펜서블래스린 분)란 이름을 가진 8세의 자기가 나타난다. 몸의 흉터도, 하는 짓도 자기와 같고, 어린 시절의 기억을 모두 가지고 있는 러스티를 보며 러스는 안절부절못한다. 러스티는 러스에게 어린 시절의 꿈과는 전혀 딴판인 세상을 허둥대며 살아간다며 사사건건 트집을 잡는다.

"조종사의 꿈도 내던지고, 결혼도 못하고, 좋아하는 개도 기르지 않고 내 미래가 고작 이 정도야?"

부쩍 눈 떨리는 증상이 심해진 러스가 고함을 지른다.

“난 미칠 시간도 없이 바쁜 사람이야. 60세 이하 정치인 중 사망원인 1위가 뭔지 알아? 자기연민이라고.”

그는 이내 정신병원으로 달려가 아이의 환영을 없애달라고 호소한다. 의사는 환영의 출현은 이유가 있다며 원인을 찾자고 말한다. 허둥대지 말라고, 막힌 것을 풀고 살 시간이 30년도 더 남아있다고……. 그러나 마음에 여유가 없는 러스는 그냥 돌아서 버린다. 다시 티격태격하던 둘은 결국 무엇이 문제인지 알아보기 위해 여행을 떠난다. 그들이 간 곳은 러스가 다니던 초등학교 운동장이다. 러스티는 친구 ‘빈스’에 대하여 이야기한다. 심하게 싸운 적 있는 빈스, 그에게 되게 얻어맞았던 기억을 상기시킨다. 훗날 빈스는 불량배가 되었고, 자신은 패배자의 낙인이 찍힌 채 성장했다는 것이다. 거기서 러스는 자신의 내면에 자라지 못한 아이(내면아이)가 웅크리고 있다는 사실을 깨닫게 된다. 그들 앞에 빈스가 나타났다. 러스티는 빈스와 다시 격렬한 일전을 벌이고 당당하게 이긴다. 마음속 매듭이 풀어지는 순간이다. 더불어 빈스가 묶어두고 학대하던 세 발 달린 개를 풀어주자 개에 대한 기피증에서도 해방이 된다. 쾌재를 부르며 집으로 돌아오니 놀랍게도 그들 앞에는 경비행기 조종사가 된 30년 뒤 러스의 환영이 나타나 인생을 멋지게 살아보라고 말한다. 러스는 애완견을 안고 자기에게 호감을 느끼고 있는 직원 ‘에이미’에게 사랑을 고백하러 간다.

:: 삶의 진정한 의미는 '나답게 사는 것'

자신의 삶에 대하여 자책하고 있는가? 꿈을 이루지 못했다고 안타까워하는가? 영화는 수다쟁이 앵커의 입을 통해 말한다.

"우리는 항상 온 힘을 다해 살 뿐입니다."라고.

삶의 방향을 설정하고, 현실 인식을 하는 주체가 바로 '나'라는 메시지가 강하다. 러스가 경험한 32년의 시간여행은 내 안의 나를 찾는 여정이었다. 그는 '자기애적인격장애'가 내면아이에서 비롯되었다는 사실을 알아냈으니 패배자의 시점으로 퇴행하는 일은 없으리라. 전투하듯 살지 않으리라. '참 자기(True Self)'로 살아가리라.

07

태풍을 찍겠다고 나서는 게 청춘

태풍 태양

길을 가다 보면 앞사람 등이 벽처럼 느껴질 때가 있다.
따라가기 싫어진다. 그런데 돌아갈 수도 옆길로 갈 수도 없다.
자칫 늦게 출발한 사람 등을 봐야 할지도 모르니까.
세상이 제자리를 지키지 않는 것 같다. 제기랄.

어느 날 같이 가던 친구가 묻는다.

"사랑이 뭐야?"

퉁명스럽게 답한다.

"너는 사랑을 생각하냐?"

의문이 하나 있다. 살면서 넘어졌다 일어나는 것을 계획표에 넣는
사람이 있을까?

인라인스케이트를 타기 시작했다. 넘어질 줄 뻔히 알면서
시작한 것이다. 얼마 되지 않아 팔목을 다쳐 깁스했다.
좋아하는 누나가 석고붕대 위에다 글씨를 써준다.
'너 내 것!' 무슨 뜻인지 모르겠다. 그 누나는 태풍을 찍겠다며
카메라를 들고 다닌다.

:: 하늘은 청춘을 향해 열려 있다

제목처럼 영화는 태풍과 같이 맹렬하고 태양처럼 이글거리는 청춘을 이야기한다. '지난날에 대한 반성도, 내일에 대한 걱정도 없는 게 젊음' 이라며 인라인스케이트를 타는 젊은이들을 통해 도전과 좌절 그리고 세상을 향한 도움닫기 자세를 보여준다.

고등학생인 '소요' (천정명 분)는 부모가 사업에 실패하고 도피 중이어서 혼자 산다. 학교생활에 별 흥미를 느끼지 못해 수업시간마다 딴전을 부린다. 유일한 낙이 있다면 공원에서 인라인스케이트를 타는 것이다. 어느 날 공원 한편이 시끌벅적해 달려가 보니 스케이트 패거리가 몰려와 화려한 묘기를 선보이고 있다. 소요는 단연 돋보이는 '모기' (김강우 분) 형에게 순식간에 매료되어버린다. 입을 딱 벌리고 있다가 캠코더를 들고 다니며 멋진 장면을 찍어내는 '한주' (조이진 분)의 눈에 들어 그들과 합류한다. 거처가 마땅치 않은 이들은 소요 집에 근거지를 만들고 연습하며 세계대회 출전을 준비한다. 그런데 경비가 문제다. 스턴트맨을 하면 일부 충당할 수 있다는 의견에 따라 모기가 출연하는데, 스태프진의 비아냥거림을 참아내지 못하고 내려온다. 촬영 장비를 부수고 도망치듯 떠나버린다. 모든 일을 도맡아 하던 '갑바' (이천희 분)는 그래도 포기하지 않고 팀원들과 아르바이트를 해서 변상금부터 만들어낸다. 의욕을 상실한 채 스케이트는 쳐다보지도 않는 모기를 향해 모두의 원성이 쏟아지고, 팀은 와해될 위기에 처한다. 설상가상으로 갑바에게 영장이 나오면서 이들은 사분오열 된다.

"나 이제 제자리로 돌아갈래."

탄식하는 한주에게 소요가 묻는다.

"돌아갈 자리가 어딘데?"

그들이 철봉, 화단 턱, 구조물 모서리 돌기 등 연습에 열중할 때 모기와 갑바가 줄기차게 외친 게 있다.

"몸 중심을 잡고 멀리 일직선을 봐. 고급 기술은 어느새 나도 모르게 되는 거야."

어쩌면 그들이 갈 곳은 그 일직선상의 어느 자리가 아닐까? 사람은 하던 일을 반복하게 되어 있으니까.

:: 천 번 사랑하면 천 개의 세상을 알까?

청춘! 그 끓는 피가 데우고자 하는 세상은 몇 개나 될까? 하나도 없다고 답하면 어떤 반응이 나올지. 세상은 태풍 한 번 몰아치고 태양이 한 번 더 빛날 때마다 새롭게 잉태된다고 하던데……. '한 번을 위해 수백 번 넘어지는 친구들에게 바친다.' 라는 이 영화의 부제는 세계대회의 구조물 정상에서 우아하게 공중회전을 하는 소요의 모습에서 꽃으로 핀다. 언제던가, 모기는 그 자리에서 공포감을 이기지 못하고 그냥 내려오고 말았었다. 그게 트라우마가 되어 어려운 자리에 제대로 서지 못하는 속내를 누가 알아주랴. 큰 시합에 출전하라고 권유하는 소요에게 모기는,

"내가 나가면 다른 사람이 1등을 못해."

라며 비켜간 적이 있다.

여러 영화에서 우리는 절명의 순간에 진심을 표출시키는 모습을 보아왔다. "사랑했었노라.", "진심은 이것이다."라는 식으로 말이다. 그러나 그것은 '이미 빛이 바랜 기억'에 불과하다는 사실을 영화는 냉정하게 꼬집는다. '실천하지 않고 표현하지 않는 것은 꿈이 아니다.' 라며. 그리고 한 번 더 반문한다.

"너는 지금 그대로가 좋니?"

성철 스님의 선문답에 '달을 가리키는데 손가락 끝은 왜 보나.'(指月不分 未忘名聞利養之心)라는 오묘한 가르침이 있다.

청춘이여! 태풍을 향해 뛰어라. 가슴이 터지도록 태풍과 맞서라. 그리고 그대만의 찬란한 태양을 맞이하라.

Chapter 6

사회현상 · 코치

고지전

도가니

수상한 고객들

아름다운 세상을 위하여

와이키키 브라더스

크레이지 하트

날아라 펭귄

Sometimes the simplest idea can make the biggest difference.

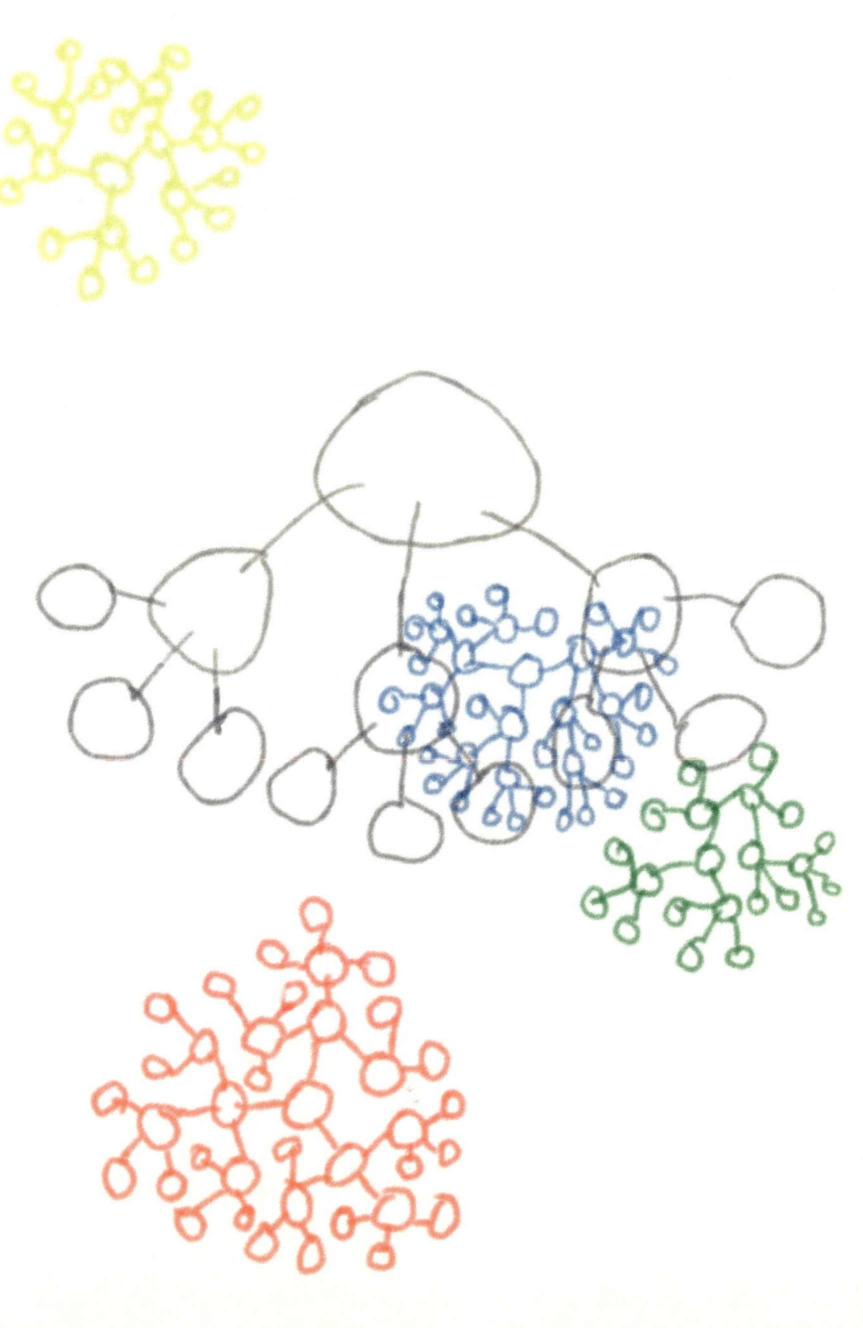

01

전쟁 속에 피는 꽃

고지전

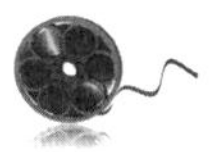

산을 오를 때나 넓은 고원 등에서 방향감각을 잃고
같은 자리를 맴도는 현상을 링반데룽〔環狀彷徨〕이라고 한다.
여러 가지 원인이 있겠지만, 특히 등반하는 사람이 아주 피곤할 때
이런 현상이 발생한다고 알려져 있다. 자신의 발걸음 외에는
아무것도 식별이 안 되는 상황, 목적지를 잃어버렸기에
아무리 걸어도 같은 길만 계속 나타나는 현상.
그런데 등반자는 안타깝게도 그 궤도를 쉽게 벗어날 수가 없다.
2011년 여름, 유난한 불더위를 상큼하게 식혀 준다는
영화 〈고지전〉을 보면서 나는 링반데룽을 생각했다.
방향감각을 잃은 자들의 이야기, 시간을 놓친 사람들의 이야기…….
그러나 놀랍게도 그들의 몸부림 속에는 휴머니티라는 보석이
반짝이고 있었다.
나는 그 보물을 일컬어 '전쟁 속에 피는 꽃' 이라고 이름 붙였다.

:: 싸움에서 번번이 지는 것은 싸우는 이유를 모르기 때문이다

한국전쟁의 '정전협정문' 을 살펴보면 참으로 이해가 안 되는 부분이 두 군데가 있다. 첫째는 문서에 한국정부의 대표자 서명이 없고, 둘째는 1953년 7월 27일 10:00에 문서가 작성되었는데, 효력은 22:00부터 발생한다고 한 점이다. 영화는 이 대목과 당시 최고의 격전지였던 동부전선 '애록고지' 전투를 조명하는 데 초점을 맞췄다.

수십 번 주인이 바뀌며 공방전이 계속되는 애록고지에 방첩대 중위 '강은표' (신하균 분)가 투입된다. 두 가지 사건을 조사하기 위해서다. 하나는 우리 측 참전부대인 '악어부대' 의 중대장이 전사했는데 시신에서 우리 군 총탄이 발견된 것이고, 또 하나는 군사우편 속에서 인민군 편지가 나온 것이다.

진지에 도착한 은표는 입을 딱 벌리고 만다. 인민군 복장을 한 병사가 있는가 하면, 막사 사이에서 아이들이 뛰놀고, 가장 나이가 어려 보이는 청년이 대위 계급장을 달고 임시중대장을 하고 있었다. 죽은 줄로만 알았던 대학동기 '김수혁' (고수 분)이 중위 계급장을 달고 진두지휘하는 것은 더욱 이해되지 않았다.

숨 돌릴 겨를도 없이 고지탈환을 위한 전투는 시작되고, 목숨을 건 수혁의 유인작전으로 고지를 다시 점령하게 된다. 환호성을 지르며 축하 파티가 열리는데, 산꼭대기 동굴 속 구덩이에서 적이 묻어둔 술과 독일

제 선글라스가 나온다. 적과 내통했다며 흥분하는 은표를 향하여 수혁은 전말을 조곤조곤 이야기한다. 우리도 같은 방식으로 술과 담배 그리고 과자류를 선물한다는 것. 그 구덩이에 양측이 정표를 남기는 것은 이미 관행이 되었다고 말이다.

중공군의 가세로 고지를 다시 빼앗기고 물밀 듯 밀어닥치는 인해전술 앞에서 장렬한 산화를 부르짖는 신임 중대장과 한 명이라도 살리자는 수혁과의 설전이 벌어지고 급기야 수혁은 중대장을 쏜다. 은표는 전임 중대장도 네가 죽인 게 아니냐며 몰아세운다. 엄청난 적의 화력으로 쉬는 시간이면 '전선야곡' 을 불러주던 신병이 죽고, 수혁마저 절명한다. 애록고지에서는 인민군이 우리 측에서 넘겨준 먹을거리와 편지, 악보〈전선야곡〉 등을 놓고 춤을 추며 기뻐한다. 죽은 수혁을 업고 진지로 귀환하는 은표는 그때야 정황을 정확히 이해하게 되고 가슴 아파하는데, 그때 그토록 기다리던 '정전협정' 이 발표된다. 그런데 효력이 발생하기까지 열두 시간 동안 총력전을 벌이고 그 결과를 놓고 휴전선을 긋겠다는 것이다. 모두 아연실색했지만 어쩔 수 없는 일, 전 부대원은 내키지 않는 전투를 하게 되고 양측은 강은표 중위 한 사람만 남고 모두 장렬한 최후를 맞는다.

초연 가득한 산비탈을 내려오는 은표 앞으로 인민군 중대장 '현정윤'(류승룡 분)의 환영이 나타나 말을 건다.

"너희들이 왜 전쟁에서 번번이 지는 줄 알아? 그것은 싸우는 이유를 모르기 때문이야."

조금 전 동굴에서 최후를 맞이하는 정윤에게 은표는 싸우는 이유가 뭐냐고 되물었었다. 그는,

"전에는 정확히 알았는데, 지금은 잃어버렸어."

라며 숨을 거뒀다.

:: 당신은 어떤 방법으로 고지를 향해 진군進軍하는가

전장에서 인간애가 발현될 수 있을까. 당장 내가 먹을 게 없는데 적군에게 넘겨줄 술과 담배를 챙길 수 있느냐 말이다. 인민군 총잡이 태경은 자기가 묻어준 선글라스를 쓰고 자기 총에 맞아 전사한 국군 병사의 소식을 들으며 가슴을 쥐어뜯는다.

방첩대 중위가 밝히려는 진실의 실상은 무엇인가. 그것은 우리 군의 전력강화용인가 아니면 탁상공론이나 하는 상부의 명령복종용인가. 말없는 다수의 병사는 왜 싸우는지도 모른 채 쓸쓸한 최후를 맞이했다.

저기 고지가 보인다. 고층건물 안의 안락의자가 보인다. 그 자리에 가려고 몸부림치는 우리의 모습이 보인다. 세상의 아귀다툼과 전쟁은 닮은 점이 참 많다. 링반데룽과 휴머니티까지도.

02

가장 중요한 것은 눈에 보이지 않아

도가니

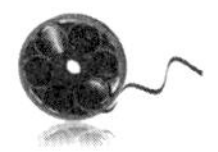

2011년 가을, 온 나라가 영화 〈도가니〉에 빠졌다.
몰아치는 도가니 열풍에 휩싸였다. 도가니가 대체 무엇이길래?
원작자 공지영 씨는 최근 인터뷰에서 '커다란 솥에서 뭔가 부글부글
끓는 것' 과 같은 현상이라고 말했다. 너무도 이상한 사건이,
그것도 집단으로 발생한 데 경악을 금치 못하겠다며.
몇 군데 극장에 가보았다. 관람석이 앞 열까지 꽉 차 있었다.
"왜 이렇게 열광할까요?"
사람들은 내 질문에 별 관심을 보이지 않았다.
'열 받아 죽겠다.' 라는 표정만 지을 뿐.
"사람 속이 도가니로구나!"
영화가 시작되고 조금 지나니 기름기가 번지르르하게 흐르는 교장
얼굴이 나오고, 그의 등 뒤로 수족관에서 해파리가 유영하는 장면이
보인다. 해파리는 자력으로 물 위로 올라오지 못하기 때문에 물의
흐름이 계속 생기도록 해줘야 한다는데…….
힘없는 사람이 저 수족관 속 해파리 같다는 생각이 들었다.

:: 낮에는 똥파리, 밤에는 불나방으로 사는 사람들

달콤한 물체에 빨대를 박고 날개는 접는다. 빨아들이는 동안은 미동도 하지 않는다. 낮 시간에 똥파리가 사는 방식이다. 밤이면 만면에 희색을 띠고 불빛 속으로 날아든다. 빛 앞에서는 날갯짓을 멈추지 않는다. 나는 이들을 불나방이라 부른다. 똥파리와 불나방, 이들이 세상의 물꼬를 잡고 흔든다.

안개 도시 무진 시, 영화는 눈까지 내려 스산하기 짝이 없는 시내 전경을 비추다 갑자기 방향을 튼다.

인애학원, 청각 장애인 학교다. 교장, 행정실장, 교사 한 명. 이들은 시도 때도 없이 학생들을 성폭행하고 구타한다. 사감과 경비는 눈과 귀를 막고 은폐에 앞장선다. 서울에서 미술교사 '강인호' (공유 분)가 부임한다. 학교발전기금이란 명목하에 5천만 원이란 거금을 내고서다. 그는 얼마 지나지 않아 이 학교의 엄청난 사건과 직면하게 된다. 말도 안 되는 일을 서슴없이 자행하는 사람들을 보면서 분노한다. 교통사고 덕분에 알게 된 지역인권센터의 '서유진' (정유미 분)을 불러 이를 세상에 알린다. 방송이 나가자 도시가 발칵 뒤집어진다. 그 와중에도 시청과 교육지원청은 업무 한계를 놓고 서로 핑퐁을 한다.

재판이 시작된다. 피고들의 담당 변호사는 법조계 고위층 출신으로 전관예우를 받는 사람이다. 원고 측 무기는 오직 입증자료를 제시하는 것뿐. 한밤중에 교장실 문을 연 인호와 유진은 성폭행 장면이 녹화된 CCTV 자료를 확보한다. 수화를 통한 아이들의 정확한 증언이 이어진다. 재판은 일사천리로 진행된다. 그러나 가해자 측은 피해 학생들의 존속을 돈으로 매수하여 합의한다. 결국 가해자 모두는 집행유예로 풀려나고, 피해 학생들은 이해할 수 없는 판결에 신음한다.

"내가 용서 안 했는데, 누가 용서했다고 그래요? 나랑 동생 앞에 와서 무릎 꿇고 빌지도 않았는데."

피해자 중 한 사람인 민수(백승환 분)는 급기야 자신을 괴롭히던 선생을 찌르고 철길로 뛰어든다.

군중집회장에 선 이들, 시민과 힘을 합하여 궐기한다. 그러나 시위대의 함성은 얼마 가지 않아 공권력의 위세와 메가폰 소리에 눌려 점점 힘을 잃는다. 살수차에서 쏟아내는 물 폭탄을 맞으며 인호가 오열한다. 저 물은 도대체 누구를 위해 저렇게 줄기차게 쏟아지고 있는가?

배에 힘이 들어가고 어깨가 뻣뻣해진다. 화면이 텅 비었는데 사람들이 일어날 생각을 하지 않는다.

"유진 씨! 무엇과 싸워요? 진실이 물타기로 호도糊塗되고 마는데."

그녀가 답한다.

"우리가 싸우는 것은 세상을 바꾸려는 게 아니라, 세상이 우리를 바꾸지 못하게 하기 위해서예요."라고.

저 청순가련형 아가씨가 말하는 세상과 우리의 범위는 과연 어디까지인가?

고인이 된 김광석이 부르는 〈서른 즈음에〉란 배경음악이 더욱 마음을 시리게 한다. '점점 더 멀어져 간다. 작기만 한 내 기억 속에 무얼 채워 살고 있는지…….'

03

고객님의 꿈이 곧 제 꿈입니다

수상한 고객들

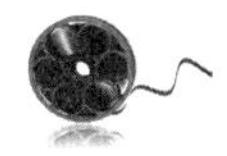

어느 오디션에서의 이야기다.

"왜 가수가 되려고 그래요?"

주춤거리던 가수지망생 아가씨가 말한다.

"돈 벌려고요."

노래는 잘했는데 이 아가씨 떨어졌다. 정말인데…….

프로야구 게임 중이다. 9회 말 투아웃, 주자는 이루와 삼루에 있다. 다음 타자는 그날 가장 잘치고 있는 4번 타자다. 포수가 걸러 보내자고 사인을 낸다. 투수는 데드볼을 던진다. 빈볼 시비로 운동장이 난장판이 되고 만다. 포수를 바라보며 투수가 말한다.

"결과는 마찬가지잖아." 라고.

'연봉 10억, 못 하면 넌 짐승 새끼' 라고.

벽에 써 붙이고 아침에 눈 뜰 때마다 바라보는 보험회사 영업사원, "고객님의 꿈이 곧 제 꿈입니다." 라고 외치며 다닌다. 이 사람 관점에서 볼 때 고객님은 과연 무엇인가? IMF 터지고 한강 변에 '다시 한 번 생각해 보세요.' 란 글귀가 나붙었다고 한다. 어떤 청년이 자살하기 위해 한강에 갔는데, 마음이 변해 돌아서려다 이 문구를 봤다. 그냥 물속으로 뛰어들었다.

:: 진짜 쪽팔리는 게 뭔 줄 알아?

영화 〈수상한 고객들〉은 어려운 환경 속에서도 꿋꿋하게 살아가는 마음 착한 사람들 이야기다. 세상은 통속하지만 부박하지 않음을 증명해 주는 가슴 시린 이야기다. 감독은 생명보험회사 보험 왕 경력이 있는 청년을 현장에 투입한다. 깐죽거리며 건방을 떨던 그 인물, 절임 배추처럼 금방 숨이 죽는다.

계약직 환경미화원 딸은 엄마의 직업 때문에, 기러기 아빠는 애들이 영어로 말 걸어오기 때문에, 가난한 가수 지망생 아가씨는 부채 때문에, 야구 투수는 던질 볼이 없다는 비아냥거림 때문에, 보험사 최우수 영업사원은 사고율이 높아지기 때문에. "쪽팔린다."라고 말한다.

'어차피 인생은 B(Birth)와 D(Death) 사이의 C(choice)' 라며 삶에서 과감한 선택이 필요하다고 부르짖는 '병우' (류승범 분)는 전에 유명 구단 프로야구 선수였다. 빈볼을 던진 게 화근이 되어 보험회사 영업사원으로 전업한다. 쉴 새 없이 일해 최고봉에 오르고 드디어 법인영업 전문회사에서 스카우트 제의를 받게 된다. 대한민국 상위 0.1%만 관리한다는 그 회사는 병우의 비전을 실현시켜 줄 꿈의 무대다. 이제 15일만 지나면 그곳으로 가게 된다.

그 무렵 한 여인이 나타난다. 병우가 자기 아버지의 자살을 방조했다고 주장한다. 병우는 전에 '자살을 하고도 보험금이 나오도록 하는 데

술과 지하철이 답이다.' 라고 어느 고객에게 이야기해 준 적이 있다. 고소하겠단다. 호사다마好事多魔라고 했던가. 이 일을 신호탄으로 발목을 잡는 일이 계속해서 발생한다. 상해보험 면책기간이 2년인데, 글쎄 2년 전에 보험에 가입한 피보험자들이 자살을 시도한 전력이 있다는 사실이 밝혀지는 것이다. 면책기간 경과와 동시 자살할 가능성이 높다는 제보가 접수되어 회사가 비상이 걸린다. 보험금이 지급되는 순간 자신은 손해율 증가, 즉 부실보험 모집자로 분류되고 새로운 회사 입사 자격마저 박탈당하게 된다. 자살을 막아야 한다. 아니 상해보험을 연금보험으로 돌려야한다.

기러기 아빠 '오 부장' (박철민 분)은 이 보험 가입자를 소개해 준 장본인이면서 고객이다. 퇴사 후 빵집을 운영하는데 아이들 교육비를 마련할 방법이 없자 죽을 궁리만 한다. 남편 잃고 아이 넷을 키우는 환경미화원 '복순' (정선경 분)은 아이들을 제대로 키울 자신이 없어 항상 우울하다. 큰 차에 뛰어드는 충동을 억누르며 산다. 소녀가장 '소연' (윤하 분)은 가수지망생이다. 버려진 버스 속에서 동생과 함께 산다. 부모 부채가 승계되어 채권자로부터 술집에서 일하라는 압력을 받으며 산다. '형탁' (임주환 분)은 노숙을 하면서도 어렵게 사는 누나를 돌보는 데 힘을 쏟는다. '뚜렛 증후군' 이란 병을 앓고 있어 자신의 의사와 상관없이 아무 데서나 튀어나오는 욕 때문에 애를 먹는다.

"개스키", "씨블스키"…….

밤낮없이 이들을 쫓아다니며 감시하던 병우는 죽음조차 사치로 보인다는 그들 삶에 동화된다. 아이 넷을 데리고 시장에 가서 배를 채워주는가 하면, 형탁에게 사업밑천을 대주기도 하고, 소연에게 위로주를 사주다가 애인에게 들켜 곤혹을 치르기도 한다. 오 부장과 대화하는 과정에서 보험계약이 목숨을 2년간 담보하는 희망이었음을 알게 된다.

:: 사는 것, 살아지는 것, 살아주는 것

병우의 고객은 한 명도 자살하지 않는다. 담담하게 자기 자리로 돌아간다. "삶이 생각보다 잔인해!" 라는 오 부장의 입을 통해 세상을 재구조화 하면서…….

사는 것, 살아지는 것, 살아주는 것……. 당신은 지금 어디에 있는가? 혹시 '데드볼' 을 가지고 있지는 않은가? 다시 한 번 생각해보자. 이 세상은 내가 화풀이하는 곳이 아님을. 보험 또한 목숨을 담보하는 게 아님을. 세상의 주인공은 항상 나임을.

04

사람에게 상처주지 마세요

아름다운 세상을 위하여

진부하다 싶은 영화 제목을 보면서 의아함을 떨칠 수가 없었다. 세상이 이렇게 작위적이어야 하는지. 그러나 얼마 지나지 않아 나는 진성한 '아름다운 세상' 이 무엇인지 깨닫게 되었다. 영화는 '온 세상이 함께하는 좋은 일을 만드는 것' 이라며, '원동력은 모든 사람에게 다 있다.' 라고 말한다. 이야기는 황량한 모래 속의 불야성 라스베이거스의 한 중학교에서 시작된다. 1학년에 갓 입학한 아이들은 첫 시간에 얼굴에 심한 화상 흉터가 있는 '유진 시모넷' (케빈스페이시 분)이라는 사회 선생님을 만난다. 선생님은 세계지도를 가리키면서 세상의 의미를 발견하라고 강조한다. 그리고 과제를 내준다. '세상을 바꿀 아이디어를 생각하고, 그것을 실천에 옮겨라!' 이때 '트레버' (헤일리 조엘 오스먼트 분)가 질문한다.

"아름다운 세상을 위하여 선생님은 무엇을 하셨습니까?"

대답은 뜻밖에 단순하다.

"나는 밤에 잠을 충분히 자고, 아침밥을 충분히 먹고, 지각하지 않는다."

아이들이 웅성거리는 교실 유리창 너머로 굴곡 심한 세상을 상징하듯 바람 부는 사막 그리고 크고 작은 산들이 파노라마처럼 지나간다.

아이들은 각자 흩어져서 과제를 수행한다. 주인공 트레버가 생각한 아이디어는 '피라미드' 식 선행이었다. 즉 한 사람이 세 사람에게 선행을 하면 그 세 사람도 각자 다른 세 사람에게 선행을 하게 되고 그렇게 하다 보면 전 세계가 이 운동에 동참하게 된다는 것이다. 언젠가 우리에게 배달되던 '행운의 편지' 가 연상된다. 그 편지는 일곱 명에게 행운을 전달하라고 했던 것 같다.

트레버가 먼저 한 일은 부랑자를 집으로 데리고 가서 먹이고 재우면서 자립할 수 있도록 돕는 것이었다. 다음은 알코올 중독인 엄마 '알린'(헬렌 헌트 분)을 혼자 사는 시모넷 선생님과 맺어주는 일이다. 그 일은 집 나간 아버지가 들어오기 전까지 마쳐야 했기에 시간이 없었다. 그러나 시모넷 선생님은 '거부당하는 것이 두려워서', 엄마는 '트레버의 아빠가 언제 들이닥칠지 몰라서' 서로 망설인다. 트레버는 양쪽을 뛰어다니며 불을 지피기에 바쁘다. 정성 덕분인가. 결국, 둘은 맺어진다. 그런데 이렇게 기가 차는 경우가 있는가. 트레버의 아빠가 나타나는 것이다. 음주에다 가정 폭력을 일삼던 그의 버릇은 얼마 가지 않아 다시 되살아나고 집은 아수라장이 된다. 그래도 아이 아빠니까 한 번은 더 기회를 줘야한다는 알린에게 시모넷은,

"당신 남편은 당신을 임신시켰을 뿐."

이라며 악순환의 고리를 과감히 자르라고 한다. 그리고 자신의 몸에 왜 화상이 생겼는지를 말한다. '나도 가정폭력의 희생자다. 아버지가 뿌린 휘발유로 인해 화상을 입게 되었다. 그 참담한 기억은 지금도 시도 때도 없이 되살아나 나를 괴롭힌다.' 고.

"남편의 폭력을 언제까지 용인하며 부엌에 숨겨둔 술로 달랠 생각이오?"

갈등하던 알린은 역시 알코올 중독으로 거리를 배회하는 친정 엄마를 찾아가 하소연하다가 평화를 찾는다. 엄마가 왜 술로 세상을 살았는지 알게 되는 것이다. 알코올중독과 폭력은 대물림되는 것인가? 아니 원죄일지도 몰라. 악순환의 고리를 끊고, 새로운 삶을 생각하는 알린에게 형언할 수 없는 기쁨이 밀려온다. 그러나 그것도 잠시, 하교下校 길 트레버가 학교 폭력에 시달리는 친구를 도와주려고 뛰어든 곳에서 그만 불량학생들에게 배를 찔리고 만다. 이럴 수가? 알린과 시모넷이 달려들어 오열한다. 트레버의 절명 앞에서 라스베이거스의 모래바람까지도 숨을 죽이고, 무거운 침묵이 흐른다. 수많은 시민이 꽃과 촛불을 들고 알린을 추모한다.

:: 사람에게 상처주지 마세요, 그 아픔 당신도 알잖아요

"처지가 아무리 나빠도 익숙해지면 사람들은 바꾸려고 하지 않아요. 결국, 포기하고 말죠."

트레버는 자신의 선행을 알고 쫓아다니던 방송기자의 마이크에 대고 그렇게 말했다. 하늘나라로 간 아들의 TV 녹화 방송을 보며 알린은 절규한다. 마치 영화 〈식스센스〉를 '오마주' 라도 한 것 같은 분위기다. 트래버 역을 한 '오스먼트' 의 영민한 얼굴이 삶과 죽음을 넘나들며 클로즈업된다.

"아름다운 세상을 만드는 일이 이렇게 어려운가요?"

추도 물결 속 한 학생이 시모넷에게 질문하듯 시선을 보낸다.

"남을 아프게 하면 안 돼, 그 아픔 다 알잖아!"

05

음지에서 피는 삶

와이키키 브라더스

사람의 행복이 환경변화에 의해 송두리째 스러지는 경우가 있다.
물밀듯 왔다가 썰물처럼 가버리는 마수, 사람들은 그것을 가리켜
'운' 이라고도 한다. 어떻게 대응해야 할까? 사회는 대안을 교범으로
만들어 주지 않았다. 그래서 더 창의력이 발휘되는지도 모를
일이지만 답답함은 이루 말할 수 없다. 어느 사극의 대사가 생각난다.
"두려우냐? 두려움을 해결하는 방법에는 두 가지가 있다.
하나는 자리를 피하는 것이고, 다른 하나는 싸우는 것이다."
나는 몇 년 전 크게 아프고 난 뒤 직장에서 자리를 바꿨다.
몸을 아프게 한 환경이 두려웠기 때문이다. 이래저래 번거롭고
구차하고……. 영화는 그런 이 땅의 삶을 향해 노래를 들려준다.
'내일은 행복할 거야. 지나간 세월 모두 잊어버리게.'
여수의 한 나이트클럽, 심수봉의 〈사랑밖에 난 몰라〉를 부르는
여주인공의 가녀린 어깨너머로 한 줄기 서광이 비친다.

:: 그래도 하고 싶은 것 하고 사는 게 행복이야

영화 〈와이키키 브라더스〉는 판타스틱한 세계를 지향하는 동명의 밴드 이름이다. '와이키키' 는 하와이의 그 유명한 해변 명칭에서 따왔다. 사 인조 그룹의 자신감은 해수욕장에서 발가벗고 뛰는 모습에서 있는 그대로 드러난다. '우리 세상, 우리 가는 길에 아무런 장애도 없다.' 라는 듯.

그런 그들 앞에 암운이 드리우기 시작한다. 가짜오케스트라(가라오케)와 노래방이 등장하는 것이다. 환경은 대중이 기계음을 좇는 쪽으로 치닫고 있었지만, 그들은 판타지에 또 오브리*의 쏠쏠한 맛에 취해 세상을 읽지 못했던 것이다.

설 땅이 없어진 밴드는 리더 '성우' (이얼 분)의 고향 수안보 와이키키 호텔로 자리를 옮긴다. 성우는 고교 시절 밴드부에서 꿈을 키우던 친구들과 재회하지만, 친구들은 하나같이 철저한 생활인이 되어 있다. 약사 '민수' 는 돈이 인생의 목표가 되어 있었고, 시청 건축과에 근무하는 '수철' 은 환경운동가인 '인기' 와 사사건건 충돌했다. 첫사랑 '인희' (오지혜 분)는 남편과 사별하고 채소장사를 하면서 억척스럽게 살고 있었는데, 사랑 운운할 계제가 아니었다. 성우는 친구들을 보면서 다시 한 번 낙심한다. 그 와중에 맴버 '강수' (황정민 분)가 여자 문제로 말미암아 '정석' (박원상 분)과 다투고 팀을 떠난다. 이어 '현구' (오광록 분)도 떠나고……. '그래도 넌 하고 싶은 것 하고 살잖아.' 속 모르고 친구들이 하는 말에 성우는 더욱 가슴이 미어진다. 그 와중에 돌연히 홀 서빙을 하는 '기태' (류승범 분)가 무대에 나타나 춤으로 분위기를 주도한다. 다이내믹한 춤이 앞으로 흐름이 될 것이라는 암시를 주는 대목이고 반전인 셈인데, 성우는 기태의 춤을 보며 몸을 돌린다. 한 가지만 고집하는 그의 고갱이가 질기기도 하다는 생각이 들어 나는 몸을 움찔거렸다.

:: 우리가 어쩌다가 이렇게 됐지?

언제고 어느 상황이고 자탄의 목소리는 그림자로 깔린다. 그러기에 논 가운데 짚무지에 둘러앉아 탄식하는 이들의 이야기는 지지부진할 수밖에 없다.

"우리가 어쩌다가 이렇게 됐지?"

영화평론가 심영섭 박사는 이 대목을 '삶의 진물' 로 표현한다. '양기 부족한 에너지로 자기 인생 하나 건사하지 못하고 빌빌거리는 주인공들, 동어반복의 체념' 이라며.

그렇다면 사람은 삶의 얼개를 어떻게 구조화해야 할까? 여러 개의 틀을 만들어 놓고, 벌이 꿀을 따기 위해 잉잉거리는 것처럼 내려오지 말고 계속 날갯짓을 해야 하는 것일까?

몸집에서 도타운 덕이 절로 우러나는 임순례 감독은,

"음지에 놓여도 무엇인가에 기대고 그 역경을 돌파하는 혜안을 가지라."고 투박하게 말한다.

"가만히 생각해 보세요. 환경변화라는 게 운동 경기의 출발신호처럼 '땅! 하고 오는 것은 아니잖아요? 이유야 어찌 됐던 그 자리를 지키기로 해놓고 자꾸만 뒤를 돌아보면 되겠어요?" 라고 부연하는 것 같다. 영화를 보고 나서 나는 올드 팝 〈Wolly Bully〉를 목청껏 불렀다. 고교 시절 교련복 입고 개다리 춤추던 모습을 회상하며 다리를 꼬았다. 자꾸 '성우' 생각이 났기 때문이다. 담담淡淡한 성우와 나의 내일을 위해 기도한다.

* 오브리 : 음악용어 obligato의 준말. 따로 정해진 악보 없이 음악의 흐름에 맞춰 자연스럽게 즉흥으로 따라가는 반주의 형태를 낮추어 말하는 것. 'Tip' 이란 속어로도 쓰인다.

06

영욕의 세월 그리고 반전

크레이지 하트

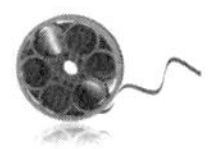

'사랑을 받았지만, 내내 혼자였어. 평생 구르는 돌멩이처럼 살았지.
남자가 할 수 있는 건 다 했어. 당신을 잡기 위해서…….'
주제곡 〈Hold on you〉의 감미로운 리듬 따라 스테이션왜건은
주인공이 살아온 인생처럼 적황색 광야를 가로질러 달린다.
끝없는 대평원은 생의 광활함을 은유하건만 주인공은 주변을
돌아볼 여유도 없이 그저 가속페달만 밟는다.
명성을 잃고, 사랑을 잃고, 세월까지 잃은 사람.
그가 타고 있는 자동차는 어디로 가고 있는가.
영화 〈크레이지 하트〉는 그런 그에게 〈Falling and flying〉이란
노래를 안겨준다.
'추락하는 것도 비행하는 것처럼 너무 재미있어요. 잠시는.' 이라며
어서 다시 비상하라고 다정하게 손을 내민다.

:: 사람의 행태에는 살아온 세월이 반영되어 있다

세상에 이해되지 않는 편견 중의 하나가 사람이 나이가 들면 모든 게 무기력해진다고 생각하는 것이다. 어떤 근거로 그런 생각을 하는지 알 수가 없다. 그런데 어떤 이는 정말로 절임배추처럼 숨이 죽은 채로 산다.

나의 영화공부를 지도해주는 영화평론가 심영섭 박사는 헝가리의 문호 산도르마라이의《열정》이란 소설을 곧잘 인용한다.

"나이가 들면 세상의 여러 질문에 대해 전 생애로 화답한다."라고.

맹맹한 얼굴로 눈만 끄먹거리고 있다면…….

미국의 소도시를 전전하며 노래를 부르는 '배드 브레이크'(제트 브리지 분)라는 한물 간 가수가 있다. 한때 컨트리 음악의 전설로 불렸지만, 자신의 조수 '토미'(콜라 파렐 분)에게 자리를 내주고 애석하게도 변방을 떠돌고 있는 것이다. 나이는 57세, 네 번의 결혼 실패, 28세 된 아들이 하나 있지만 어디서 무엇을 하는지도 모른다. 알코올 중독에 줄담배로 몸은 형편없이 절어있고, 벨트를 제대로 채울 수조차 없는 뱃살, 풀어진 지퍼, 헝클어진 옷자락은 영락없는 부랑자 스타일이다.

그러나 기타 매고 마이크 앞에 설 때면 완전히 다른 사람이 된다. 걸쭉하고 호소력 있는 목소리는 청중을 순식간에 열광의 도가니로 몰아넣는다. 그것은 수중에 겨우 10달러만 넣고서도 어디서든 욕하고 호기를 부리는 힘으로 작용된다. 어느 날 낯선 공연지에서 '진'(매기 질렌할 분)이란 젊은 여기자의 인터뷰 요청을 받는다. 진은 배드의 일대기를 쓰고 싶었던 것. 퀴퀴한 침실과 공연장을 오가며 대화를 나누던 이들은 진지함 속에서 서로에게 끌리게 된다.

"나는 오랫동안 내가 뭘 원하는지도 모르고 살았어요."
라는 진의 말 속에는 네 살 난 아이를 홀로 기르며 사는 한 여인의 혼돈과 애환이 농축되어 있다. 혼란 · 연민 · 희망 · 가족의 연대 등, 야릇한 감정 속에서 둘의 사랑은 미묘한 기운을 발산하며 커진다. 자신의 침대 위에서 곡을 쓰고있는 배드를 보면서 진이 흐느끼며 우는 장면은 설명할 수 없는 인간 내면의 복잡다단함을 보여준다. 우여곡절에도 운명은 이들의 사랑을 오래 지속시키지 않는다. 어느 날 진 모자는 휴스턴에 있는 배드의 집을 방문한다. 배드는 아들과 바깥 구경을 나간다. 웃고 떠들며 싸돌아다니다 술을 한잔 마시는 사이 아이를 잃고 만다. 오열하는 진, 밤이 이슥해서야 아들을 찾는데, 크게 충격을 받은 진은 곧바로 짐을 꾸려서 떠나고 만다.

금주禁酒 프로그램에 참여해서 완전히 술을 끊는 배드, 애틋한 사랑의 마음을 담아 작곡에 전념한다. 그렇게 탄생한 곡이 〈The weary kind〉다. 사랑 · 영욕 · 미움 · 고독이 한데 버무려진 아름다운 노래다. 배드는 놀랍게도 이 곡을 토미에게 준다. 자신의 자리를 차지하고 버릇없이 군다는 이유로 그를 엄청 미워했는데……. 그러자 토미는 나의 멘토이자 친구가 쓴 곡이라고 소개하며 노래를 부른다. 노래는 크게 히트하고, 배드는 작곡가로서 정상에 우뚝 선다. 배드의 두 번째 인생이 찬란하게 시작된다.

:: 살면서 배운 게 있다면 상대가 원하는 것을 주라는 것

중년의 허탈감을 사랑과 뚝심으로 이겨내고 방향을 수정한 배드는 같은 세대의 롤 모델이다. 방탕으로 얼룩진 삶에서 자신의 몸을 빼기가 어디 쉬웠을까.

"여기는 지쳐버린 다정함이 어울리는 곳이 아니야."

그의 노랫말처럼 위태로운 영혼이 편안하게 쉴 공간은 그 어느 곳에도 없었다.

술을 끊은 그의 목소리가 전보다 훨씬 맑다. 살가운 노래가 이어진다. '살면서 그간 배운 게 있다면 상대가 원하는 것을 주라는 것입니다.' 이렇게. 그는 전에 '노력해도 안 되는 것은 놓아야 한다.' 라고 말했었다. '안 되는 것은 놓고, 상대가 원하는 것은 주고, 중 · 장년의 모멘텀은 이런 것이다.' 라고 강조하는 그의 노래에는 혼이 깃들어 있다. 쌀쌀해지는 가을날 처연한 삶을 만나니 가슴이 더 시리다. 컨트리음악이나 한 곡 들어야겠다.

07

사람은 무엇으로 사는가

날아라 펭귄

우리 우체국은 삼성 그룹의 시트콤 〈오피스 다이어리〉를 벤치마킹하여
고객 만족 교육에 활용하고 있다.
〈워킹 맘〉과 〈직책별 에피소드〉 등. 시트콤은 '소통'을 주제로
주변 이야기를 영상화했기에 뜨거운 공감대를 이끌어낼 수 있었다고 한다.
우리도 여러 사례를 가지고 롤플레잉 했는데, 어색하기는 했지만
동료와 고객의 입장을 이해하는 데 큰 도움을 받았다는 평가를 얻었다.
여기에 사용한 영화가 〈날아라 펭귄〉이다.
영화는 2009년에 국가인권위원회에서 만들었고, 옴니버스 형식으로
네 가지 에피소드가 들어 있다. 시대 공감 · 공존 공감을 내건 인디영화.
볼수록 마음이 따뜻해지지만, 세상에는 왜 그리 펭귄이 많은지
설명할 수 없는 아쉬움도 있다. 도리어 나는 직원들에게 물었다.
"하이! 당신도 혹시 펭귄?"

:: 왜 펭귄은 날지 못하는 거지?

새처럼 훨훨 하늘을 날았다는 펭귄, 지금은 왜 날지 못하는 거지?

첫 번째 이야기는 '헬리콥터 맘'*과 아들의 '탱글리쉬'* 정복기다. '승윤이'(안도규 분)는 맞벌이 부모 퇴근 전에 발레 등 네 개의 학원에 다녀와야 한다. 집에 와서는 상급학년 수학문제를 풀어야 하고, 끝없이 통제만을 일삼는 엄마의 권력 앞에서 눈치 보기를 반복해야 한다. 아이의 정체성은 날로 저하되고 있는데, 이들은 서로를 어떻게 수용해야 할까?

두 번째 이야기는 구청 신입직원 '주훈'(최규환 분)의 직장 적응기다. 선천적으로 알코올 해독기능이 없는 데다 채식주의자 선언까지 했기에 회식자리에만 가면 고문관이 된다. 그의 동기 '미선'(최희진 분)은 복도에 숨어서 담배를 피우는 스모킹 걸이다. 선배들과 융화되지 못하고 겉돌기만 하는데……. 이들 입장에서 보면 회식 때 메뉴를 일방적으로 정하고 억지로 술을 먹이는 선배들이 이해가 되지 않는다. 이들은 서로의 다름을 어떻게 이해해야 할까?

세 번째 이야기는 기러기 아빠인 '권 과장'(박원상 분) 이야기다. 주훈의 직장 상사 권 과장은 아내와 아이들을 미국에 보내고 홀로 생활하는 기러기 아빠다. 환율 걱정 때문에 미국에 한 번도 못 갔다. 그래서 별명이 '펭귄 아빠'다. 모처럼 귀국한 가족을 위하여 떡볶이를 만들지만 아이들은 피자를 달라고 떼를 쓴다. 병상첨병病上添病이라던가. 아내는 딸아이와 자는 것이 편하다며 동침마저 꺼린다.

"유학비용이 부담되니 아파트를 처분하고 당신은 오피스텔에서 생활하면 어떨까요?"

라는 아내의 말에 울음을 터트리고 만다. 이들에게 언제쯤 봄이 올까?

네 번째 이야기는 황혼기에 든 권 과장의 엄마 '송 여사'(정혜선 분)의 삶에 관한 이야기다. '아버지'(박인환 분)는 엄마 송 여사를 '여편네'라고 부른다. 아내가 면허증 따온 날 보란 듯이 차를 팔아버린다. 급기야 송 여사는 이혼을 선언하고 딸의 집으로 거처를 옮긴다. 피부를 가꾸고, 복지관에서 춤도 배우며 일상을 즐긴다. 서툴게 집안 살림을 꾸려가던 영감, 늙은이 냄새 나는 복지관에 가지 않겠다던 선언을 접고 백기투항한다. 친구 영감탱이 말을 곱씹으며 머리를 흔들지만 어쩔 수 없는 상황이다.

"이봐! 할멈 여행 갈 때 끓여놓은 곰국, 쉬게 해서 놓아두면 죽어. 알았어?"

영화는 마지막 장면에서 얼었던 것을 모두 녹여준다. 출연자 모두가 마주 잡고 사교춤을 추는 것이다. 상대방의 스텝을 존중해야 아름다운 춤이 만들어진다는 것. 그들이 행복해하는 모습을 보며 콧등이 시큰했다. EBS의 심리 리얼 다큐 〈인간의 두 얼굴〉은 말한다. '사람들은 세상 모든 이야기를 자신의 이야기로 생각하는 성향이 있다. 그래서 보고 싶은 것만 골라서 본다.' 라고. 그날 우리는 '능청' 이란 종이피켓을 서로 맞들었다. 그야말로 '능청능청' 했다.

*1. 헬리콥터 맘 : 헬리콥터처럼 아이 주변을 빙빙 돌면서 돌봐주는 엄마.

2. 탱글리쉬 : 태권도를 영어로 배우는 수업.

작품 해설

세상과 소통하는 문

영화에세이 《울면 지는 거야》를 읽고

김 형 진(수필가 · 문학평론가)

영화 에세이라는 용어를 처음 대했을 때 몹시 생소했다. 영화 해설이라든가 영화 평론이란 말은 더러 들어왔지만 영화 에세이라니…!

이승수 선생께서 보내준 영화 에세이집 ≪울면 지는 거야≫에 들어있는 글들을 한 편 한 편 읽기 시작했다. 발문격인 〈왜, 울면 지는가〉를 읽으면서 이승수의 영화 에세이는 영화치료에 바탕을 두고 있음을 알았다.

이승수 선생께서 웃음치료사로서 많은 역할을 하고 있다는 것은 진즉부터 알고 있었다. 웃음을 통해 보다 밝은 세상을 펼치고자 동분서주하던 선생 앞에 나타난 영화 치료라는 새로운 분야는 그야말로 눈이 번쩍 뜨이는 매력이었으리라. 한번 시작하면 끝장을 보고야 마는 선생의 치열성은 지방 우체국장직을 수행하면서도 일주일에 이틀씩 짬을 내어 서울에 있는 대학원에 가 수학受學하면서 영화 치료에 대한 학문적 바탕과 실기를 익혔다. 지금은 한 달에 한두 번씩 지식경제공무원 교육원에 출강하고 있다.

나와의 첫 대면은 선생께서 유수有數한 수필전문지를 통해 수필가로 등단한 뒤였다. 몇몇 동인들과 함께 수필의 문학성을 고양高揚하기 위한 합평을 계속하는 동안 문학에 대단한 열정을 갖고 있음을 확인했고 그래서 친밀한 관계가 되었다.

영화든 문학이든 그것이 예술의 한 분야인 이상 그 대전제는 인생이다. 인간과 인간, 인간과 자연과의 관계에서 일어나는 크고 작은 문제들에 질서를 부여하고 이를 통해 보다 나은 관계를 수립하여 정신적인 안락을 획득하고자 하는 게 예술이다. 그러기 위해 탐구해야 할 대상은 바로 사람이다. 거대한 문명의 톱니바퀴에 갇혀 나름의 상처를 안고 사는 현대인들이다. 현대는 그 상처로 인해 세상에 자기를 내던지고 몸부림치거나 세상과 단절하고 신음하는 사람들이 하 많은 시대다. 그런 이들의 마음에 질서를 회복해 주고 그래서 안락한 삶을 누리게 하는 게 예술을 활용한 심리 치료라 한다. 미술, 문학, 음악의 효능을 활용한 치료뿐만 아니라 '독서 치료', '웃음 치료' 등도 있다 한다.

선생께서 문학에 정진하는 것도 문학을 심리 치료에 활용하기 위한 것이 아닌가 싶다. 문학에서는 인물의 성격과 심리 묘사에 의해 개성을 드러낸다. 그러기 위해서는 인간의 심리에 지대한 관심을 가져야 한다. 그래서 표면적인 심리보다 내면적인 심리, 곧 무의식의 세계까지 천착穿鑿하려 한다. 무의식의 세계에 잠겨있는 진실을 드러내고자 하는 것이 문학이기 때문이다. 그래서 작가들은 끊임없는 노력으로 무의식의 세계를 탐색하고 이를 형상화形象化하기 위해 은유와 상징을 구사한다. 이러한 점에서 영화가 지닌 은유와 상징을 해석하고 이를 통하여 마음이 닫힌 사람들에게 세상과 소통할 수 있는 통로를 열어주려는 영화 치료는 문학과 유사한 점이 있다. 이승수 선생께서 문학에 정진하면서 영화 치료에 매진하는 이유일는지도 모른다. 그 결과 영화 에세이집 ≪울면 지는 거야≫를 내게 되었다 볼 수도 있다.

이제 영화 에세이 중 몇 편을 골라 음미해 보려 한다.

우선 〈사람은 무엇으로 사는가〉, 영화 〈날아라 펭귄〉에는 네 개의 스토리가 있다. 대인관계에서 갈등을 겪는 네 사람의 이야기인 것이다. 엄마의 권력 아래 눈치 보기를 반복하는 승윤이, 직장 분위기에 적응하지 못하는 구청 직원 주훈, 아들과 아내를 미국에 보내고 구차한 생활을 하는 기러기 아빠(펭귄 아빠) 권 과장, 그리고 고압적高壓的인 남편에 반발하는 송 여사. 이들은 우리 사회가 안고 있는 갈등의 양상을 극명克明하게 보여준다. 자칫 사회 전체를 휘몰아칠 위험의 불러 일으킬 수도 있다.

그러나 화자는 글의 결미에서 그 해결의 실마리를 제시한다.

영화는 마지막 장면에서 얼었던 것을 모두 녹여준다. 출연자 모두가 마주 잡고 사교춤을 추는 것이다. 상대방의 스텝을 존중해야 아름다운 춤이 만들어진다는 듯. 그들의 행복해하는 모습을 보며 콧등이 시큰했다.

사람은 누구나 자기 중심으로 생각하고, 판단하고, 행동하려 한다. 승윤이 엄마가, 주훈의 직장 동료들이, 권 과장의 아들과 아내가, 송 여사의 남편이 그랬던 것처럼. 그러나 사교춤을 출 때 하는 것처럼 상대방을 배려하여 그에 맞추어 가려는 노력만 있으면 사회의 모든 갈등은 쉽게 해소될 수 있다는 화자의 견해이다. 화자는 이것이 영화 치료에서 말하는 주관적 시선의 객관화 작업이라는 것을 암시한다.

다음은 〈내 인생에 끼어든 최악의 불청객〉, 영화 〈로니를 찾아서〉는 2009년에 나온 영화로 외국인 노동자와 우리나라 도시 서민의 갈등과 화해를 극명하게 다루고 있다.

인호(류준상 분)는 안산의 한 태권도장 관장이다. 개관하고 10년이 지났건만 관원 수는 오히려 감소하는 추세에 있다. 부흥을 위한 회심의 이벤트로 시범대회를 개최한다. 시간이 흐르면서 장내 분위기는 무르익고, 마지막으로 관장이 시범을 보이는 순서가 된다. 불쑥 외국인 하나가 대련을 지원한다. 그런데 이게 어찌된 일인가. 시작과 동시 인호는 한방에 나가떨어지고 만다.

그 외국인이 로니다. 화가 난 인호는 로니의 친구 불법 체류자 뚜힌을 볼모삼아 로니를 찾아 나선다. 자기 뜻대로 되지 않은 일에 대한 화를 풀기 위해 혈안이 되어 로니를 찾아 나선 것이다. 그러나 뜻밖에도 상황을 비관하지 않고 훈훈한 분위기를 조성하여 막무가내 인호의 화를 풀어가는 뚜힌. 화자는 영화 속의 뚜힌을 통해 어떤 상황에 처해 있더라도 처지에 비관하지 않고 상대를 개선할 수 있는 인격이 주위를 밝게 하여 질서를 회복게 하는 힘이라는 것을 은근히 내보이고 있다.

> 아이러니하게도 영화는 그들 앞에 후진국에서 교육을 잘 받고 온 뚜힌을 내세워 이 사회가 살 만한 곳임을 강조하고 있다. 부대끼며 살아가는 게 인생이라며 기꺼이 자신의 몸을 던지는 뚜힌을 통해 이 나라의 희망을 투영하는 것이다.

여기에서 화자는 이 영화가 자신의 대인관계에 대한 반추의 기회를 제공함으로써 세상과 소통할 수 있는 길을 열 수 있음을 말해주고 있다.

다음은 무의식의 세계를 다룬 〈키드(Disney' s The Kid)에 대한 에세이 〈당신 안에 자라지 못한 아이가 있어요〉이다.

〈키드〉의 주인공 '러스 듀리츠' 는 좀 별난 데가 있는 사람이다. 일반적인 시각에서 보면 성공한 사람이지만 내면에 인격 장애를 지니고 산다. 그래서 매사에 독선적이고 냉소적이다. 그런 40대인 그의 앞에 8세 때의 자기 '러스티' 가 나타나 어린 시절의 꿈과는 영판 다른 길을 걷고 있는 '러스' 를 꼬집는다. '러스' 는 자기의 내면에 들어있는 '러스티' 와 갈등하지만 '러스티' 가 자기 안에 패배자의 낙인이 찍힌 채 웅크리고 있는 내면의 아이임을 깨닫게 된다. 그러자 러스는 어린 시절의 꿈을 실현한 미래의 자기 환상과 만나게 된다.

심층심리학深層心理學 이론에 의하면 사람은 어머니 뱃속에 있을 때부터 노인이 될 때까지 받은 외부의 자극을 하나도 놓치지 않고 내면에 지닌 채 산다고 한다. 내면에 잠재된 그것이 그 사람의 행동이나 의식에 작용하여 삶의 방향을 결정함은 물론이다.

화자는 결미에서 이런 메시지를 남긴다.

> 삶의 방향을 설정하고, 현실 인식을 하는 주체가 바로 '나' 라는 메타 메시지가 강하다. 러스가 경험한 32년의 시간여행은 내 안의 나를 찾는 여정이었다. '자기애적 인격 장애' 가 내면아이에서 비롯되었다는 사실을 알아냈으니 패배자의 시점으로 퇴행하는 일은 없으리라. 전투하듯 살지 않으리라. '참 자기' (True Self)로 살아가리라.

이승수 선생의 영화에세이는 영화해설은 물론이고 영화평론의 경지를 뛰어넘은 데 위치하고 있음을 알았다. 영화에 대한 해박한 지식과 감상안鑑賞眼, 문학에 대한 이해와 실기, 심리학에 대한 조예造詣 등이 조화롭게 어우러져 표출되는 것이 영화에세이임을 깨달았기 때문이다.

영화는 문학, 음악, 미술 등이 어우러진 종합예술이다. 그래서 스토리나 등장인물의 성격, 심리뿐만 아니라 스크린에 나타난 씬 하나하나, 배경음악 등도 감상자의 심리를 자극한다. 영화가 총체적 감각 체험을 제공하기 때문이다. 이러한 자극들은 영화 감상자의 표면의식은 물론 내면의식에까지 침잠沈潛한다. 그래서 무의식에 어떤 변화를 준다.

관람자들은 영화 속의 어떤 인물과 자기를 동일시한다. 자아가 대상을 자기 안에 통합시키려 하는 것이다. 이 동일시가 자기 안에 들어있는 또 다른 자기를 일깨우고 그를 통해 관람자의 내면에 잠재되어 있는 트라우마(trauma)를 자각하게 된다. 그래서 현실적인 의식변화와 행동변화를 가져온다. 그 결과 세상을 바로 보는 눈이 열리고 원만한 대인관계를 갖게 한다. 영화를 보면서 내면의 상처를 치유하는 영화치료가 가능한 연유이다.

이승수 선생의 영화에세이 ≪울면 지는 거야≫는 선생께서 독자들에게 제공하는 '세상과 소통하는 문' 이다. 이 문을 통하여 많은 사람들이 내면에 억압된 자기를 일깨워 세상을 향해 활달하게 나서며 환하게 미소 짓기를 바라는 마음 간절하다.

주요 출처

◎ 영화치료 관련 책

비르기트 볼츠	《시네마 세라피》	2009
심영섭	《영화치료의 이론과 실제》	2011
심영섭	《영화심리의 실제》	2009
심영섭	《시네마 사이콜로지》	2003
프랑스와를로르 외	《내 감정 사용법》	2008
James W. Kalat 외	《정서심리학》	2007
Louis Gianetti	《영화의 이해》	2008
김서영	《영화로 읽는 정신분석》	2008
임정택 외	《세계 영화사 강의》	2010
이무석	《30년 만의 휴식》	2009
김혜남	《서른 살이 심리학에게 묻다》	2009
김혜남	《심리학이 서른 살에게 답하다》	2009
김준기	《영화로 만나는 치유의 심리학》	2009
나덕렬	《앞쪽형 인간》	2010
지명혁	《영화예술의 이해》	2009

◎ 논문

김수지 〈대인관계 향상을 위한 상호작용적 영화치료의 효과〉 2005

이대범외 〈셀프리더십 향상을 위한 영화치료〉 2010

◎ 포털 사이트와 카페

심영섭의 힐링 시네마

마음을 치유하는 영화놀이터

네이버

이승수 영화에세이

울면 지는 거야

인　　쇄 | 2012년 4월 17일
발　　행 | 2012년 4월 20일

지 은 이 | 이 승 수
발 행 인 | 서 정 환
발 행 처 | 신아출판사

출판등록 | 1984년 8월 17일 제28호
주　　소 | 전주시 완산구 태평동 251-30
전　　화 | Tel. 063-275-4000, 063-252-5633
팩　　스 | (063) 274-3131
E-mail | shina321@chol.com
sina321@hanmail.net

값 12,000원

ISBN 978-89-97700-06-6 03680

* 저자와 협의, 인지는 생략합니다.
* 잘못된 책은 바꿔드립니다.